J. Müller / E. Post-Lange / H. Rupprecht

G·S·E

Geschichte Sozialkunde Erdkunde

6. Jahrgangsstufe

Bd. II

[redacted]

ISBN 3-89291-**693**-4

H. Bleiziffer/E. Post-Lange/H. Rupprecht

G•S•E

Geschichte Sozialkunde Erdkunde

5. Jahrgangsstufe Bd. I

Inhaltsübersicht:

G•S•E 5, Bd. I

Nr. 690 *128* **Seiten DM 34,80**

H. Bleiziffer/E. Post-Lange/H. Rupprecht

G•S•E

Geschichte Sozialkunde Erdkunde

5. Jahrgangsstufe Bd. II

Inhaltsübersicht:

G•S•E 5, Bd. II

Nr. 691 *128* **Seiten DM 34,80**

J. Müller/E. Post-Lange/H. Rupprecht

G•S•E

Geschichte Sozialkunde Erdkunde

6. Jahrgangsstufe Bd. I

Inhaltsübersicht:

G•S•E 6, Bd. I

Nr. 692 *130* **Seiten DM 34,80**

KOPIERHEFTE mit Pfiff!

H. Bleiziffer/J. Müller/E. Post-Lange/H. Rupprecht

G•S•E

Lernzielkontrollen • Proben • Tests

5./6. Jahrgangsstufe

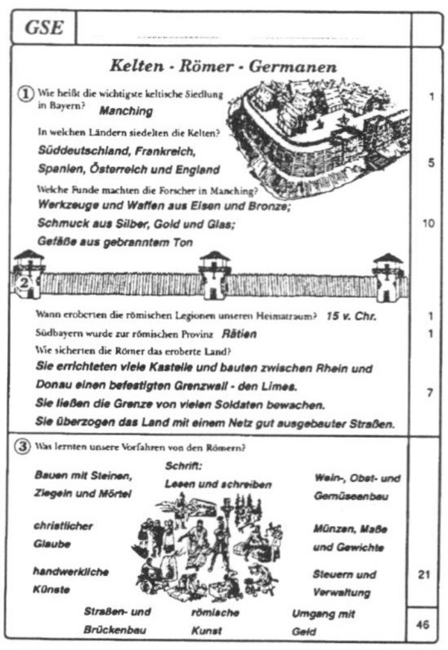

Inhaltsübersicht:

G•S•E Lernzielkontrollen 5./6.

Nr. 936 *64* **Seiten DM 24,80**

Vorwort

Mit der Fächerkombination Geschichte-Sozialkunde-Erdkunde ergeben sich neben den bekannten Inhalten und bewährten Methoden auch neue Inhalte und Wege, den Unterricht zu gestalten. Diese Handreichungen sollen Ihnen die Arbeit im Unterricht in vielfältiger Weise erleichtern.

Die fachliche, methodische, personale und soziale Kompetenz der Schüler soll gefördert werden. Dazu gehört der Erwerb von fächerübergreifenden Fähigkeiten und Fertigkeiten: selbständiges Lernen, Problem lösen, Denken in Zusammenhängen, Leistungs- und Einsatzbereitschaft, Belastbarkeit und Durchhaltevermögen, Bereitschaft und Fähigkeit zur Zusammenarbeit und Mitverantwortung. Die Schüler lernen sachbezogene Fragestellungen kennen, üben fachgemäße Arbeitsweisen ein und gewinnen so fachspezifische Erkenntnisse. Fachliche und systematische Vollständigkeit wird von den Lehrplänen nicht angestrebt. Im sinnvollen Wechsel zwischen exemplarischem und orientierendem Lernen soll das selbständige Arbeiten gefördert werden. Querverbindungen zwischen den Fächern dienen einer ganzheitlichen Themenerfassung.

- ✔ Alle Arbeitshilfen können unabhängig vom Lehrbuch eingesetzt werden.
- ✔ Sie dienen der Informationsbeschaffung und Verarbeitung, der Sicherung und dem Transfer.
- ✔ Die Handreichungen bieten Ihnen vielfältige Methoden und Arbeitsweisen an.
- ✔ Lerninhalte wurden nach Möglichkeit fächerübergreifend behandelt.
- ✔ Soweit notwendig, finden Sie Lösungen zu den Arbeitsblättern im Maßstab 1 : 1. Eine Kontrolle kann somit leicht im Overlay erfolgen.
- ✔ Die Arbeitsblätter haben Vorschlagscharakter, fühlen Sie sich bitte frei, sie an Ihre persönlichen Bedürfnisse anzupassen.

Ihnen und Ihren Schülern viel Spaß und Erfolg beim Arbeiten!

J. Müller

Bildnachweis

- Bayerisches Landesamt für Statistik und Datenverarbeitung, Öffentliche Wasserversorgung und Abwasserbeseitigung in Bayern 1995, München 1997 (S. 17)
- Bundesgesetzblatt Jahrgang 1996 Teil I Nr. 58, Neufassung des Wasserhaushaltsgesetzes, Bonn 1996 (S. 18)
- Pompeji,© CASA EDITRICE BONECHI, Florenz 1995 (S. 21)
- Massimo Grillandi, Karl der Große,© Edizioni Futuro, Verona 1981 (S. 27)
- Josef Scherl, Geschichte unseres Volkes II. Teil,© Oldenbourg, München 1962 (S. 32, 43, 44, 57, 77, 89)
- Geoffrey Chaucer, The Canterbury Tales, © The Estate of Nevill Coghill, London 1986 (S. 36, 42, 45, 51)
- Hans Dollinger, Bayern,© Prisma Verlag, Gütersloh 1986 (S. 39)
- Liliane et Fred Funcken, le costume et les armes des soldats de tous les temps, Casterman, S.A., Tournai 1966 (S. 40)
- Lexikon der Kunst, © Royal Smeets Offset B. V., Weert 1994 (S. 53, 71)
- Kulturgeschichte Europas, © Naumann & Göbel, Köln o.J. (S. 54)
- Herbert Pothorn, Baustile,© Südwets Verlag, München 1968 (S. 79, 80, 81, 83)
- A. Fingerle, München - Heimat und Weltstadt,© Olympia Turm Verlag, München 1972 (S. 107)

Bedeutung der verwendeten Symbole:

✎ aufschreiben, notieren
✂ ausschneiden
💧 kleben, aufkleben
👓 genau hinschauen, beobachten
📖 in Büchern, Lexika, Atlas nachschlagen
🕯 erkennen, logisch folgern, übertragen
☝ vor der Klasse reden, vortragen
✋ diskutieren
✌ Partnerarbeit
☺ Gruppenarbeit
💣 einen Versuch durchführen
Σ etwas rechnen, berechnen
✍ malen, anmalen
⇦ lesen, erlesen
✒ zeichnen
👍 spielen
✐ Lösung
☞ vergleiche dazu
☎ Informationen einholen

Inhaltsverzeichnis

Erdkunde: Stadt und Land

Wasser

- ❍ Wasservorkommen in Bayern
- ❍ Wasserversorgung - eine kommunale Aufgabe
- ❍ Umgang mit Wasser
- ❍ Wasser der Erde*
- ❍ Mensch und Wasser - historische Beispiele*

❶ **Wasservorkommen in Bayern** Wasserdargebot: Niederschläge, Oberflächen- und Grundwasser		AB (S. 8)
❷ **Der Kreislauf des Wassers** Wasserkreislauf anhand Abb. erarbeiten Einfachen Versuch zur Verdunstung durchführen		AB (S. 9) Lösung S. 10
❸ **Trinkwassergewinnung** Trinkwasser als wichtigstes Lebensmittel Trinkwassergewinnung und Weg bis zum Verbraucher Es empfiehlt sich die Erkundung z.B. eines Quellgebietes		AB (S. 11) Lösung S. 12
❹ **Wir reinigen Schmutzwasser** Einfache Versuche zur Reinigung von Wasser		AB (S. 13) Lösung S. 14
❺ **Abwasserbeseitigung** Notwendigkeit der Abwasserbeseitigung Funktionsweise einer Kläranlage Es empfiehlt sich die Erkundung einer Kläranlage		AB (S. 15) Lösung S. 16
❻ **Wasserverbrauch und Wasser sparen** Wasserverbrauch in Bayern anhand von Statistiken bestimmen Vergleichen mit eigenem Wasserverbrauch Poster zum Thema 'Wasser sparen' entwerfen		AB (S. 17)
❼ **Gesetzlichen Maßnahmen und Bestimmungen** Texte aus dem Wasserhaushaltsgesetz		AB (S. 18)
❽ **Wasser der Erde** Wasserarten: Salzwasser, Süßwasser Wasserverteilung: wasserreiche und wasserarme Gebiete		AB (S. 19)
❾ **Bayern: Gewässergüte** Gewässergüte definieren und Gewässergütekarte erstellen		AB (S. 20)
❿ **Wasserversorgung im antiken Rom** Wichtige Informationen aus demText entnehmen Vergleichen mit der Situation heute / im Mittelalter		AB (S. 21)
⓫ **Der 'schwarze Tod'** Infotexte zum Thema 'Pest im Mittelalter		AB (S. 22)
⓬ **Krankheiten - eine Geißel der Menschheit** Epidemien im Mittelalter		AB (S. 23) Lösung S. 24

GSE

Wasservorkommen in Bayern

Menschen, Tiere und Pflanzen sind auf das Wasser angewiesen. Es kommt in Form von Niederschlägen vom Himmel. Die Hälfte der gesamten Niederschlagsmenge verdunstet. Ein großer Teil erreicht den Erdboden überhaupt nicht, sondern verdunstet bereits in der Luft. Ein anderer Teil verdunstet vom Erdboden aus. Ein anderer Teil sickert in die oberen Bodenschichten, wird durch die Wurzeln aufgesaugt und von den Pflanzen über die Blätter auch wieder verdunstet. Drei Achtel der Niederschläge sickern zum Grundwasser ab. Dieses Wasser durchdringt den Boden, bis es auf wasserundurchlässige Schichten, wie Ton oder Lehm trifft. Über diesen Schichten staut es sich und füllt alle Hohlräume des darüber liegenden Gesteins aus. Es bleibt im Sand und Kies wie das Wasser in den Poren eines Schwamms. Je nach der Niederschlagsmenge steigt der Grundwasserspiegel nach einem Regen unterschiedlich hoch. Er sinkt wieder, wenn regenarme Zeiten eintreten. Besitzt die grundwasserführende Schicht ein Gefälle, dann fließt das Grundwasser in dieser Richtung, allerdings viel langsamer als oberirdische Gewässer. So braucht zum Beispiel das Wasser der Isar in ihrem Mittellauf für eine Strecke von 60 km etwa acht Stunden, während das Grundwasser in der Schotterebene beiderseits der Isar für die gleiche Strecke 3 1/2 Jahre benötigt. Grundwasser kann aus Quellen an Hängen ausfließen, es kann aber auch an Ufern oder auf der Sohle von Flüssen, Seen und Feuchtgebieten aus der Erde kommen oder es gelangt in tiefere Grundwasserstockwerke. Dort kann es viele tausend Jahre alt werden. Das Grundwasser ist ein wichtiger Bodenschatz, wie Erde, Erdöl usw.

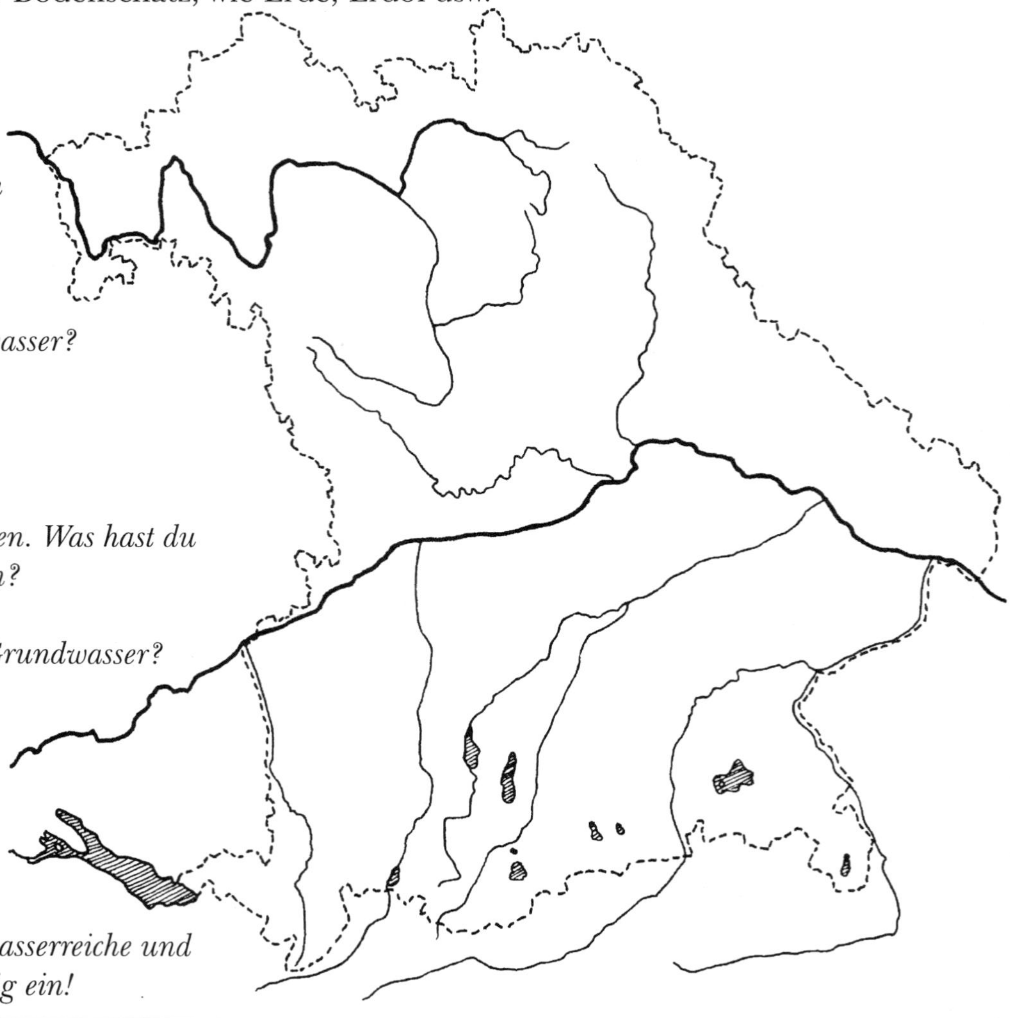

① *Was geschieht mit dem Wasser, das in Form von Niederschlägen vom Himmel kommt?*

② *Wie wird aus den Niederschlägen Grundwasser?*

③ *Was weißt du über den Grundwasserspiegel?*

④ *Grundwasser kann fließen. Was hast du darüber im Text erfahren?*

⑤ *Was geschieht mit dem Grundwasser?*

⑥ *Was versteht man unter 'Oberflächenwasser'?*

⑦ *Zeichne in diese Karte wasserreiche und wasserarme Gebiete farbig ein!*

GSE

Der Kreislauf des Wassers

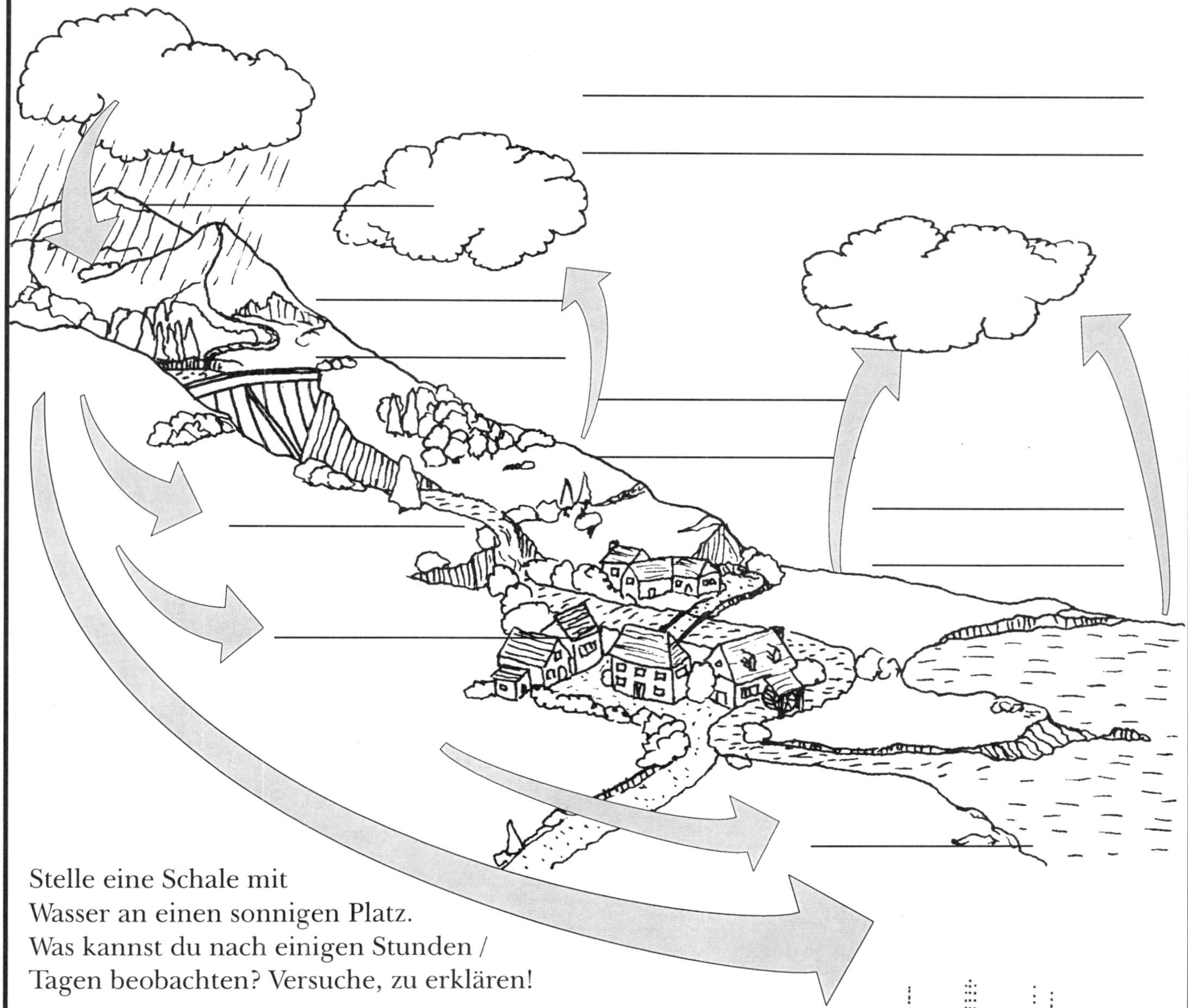

Stelle eine Schale mit
Wasser an einen sonnigen Platz.
Was kannst du nach einigen Stunden /
Tagen beobachten? Versuche, zu erklären!

Wovon hängt die Verdunstung ab?

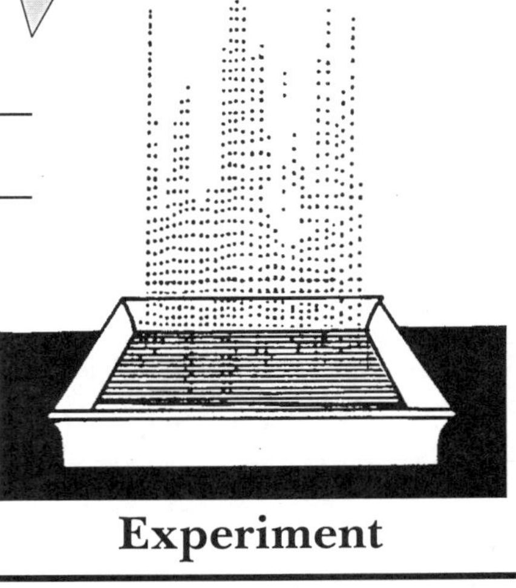

Experiment

GSE

Der Kreislauf des Wassers

Drei Viertel der Erdoberfläche sind von Wasser bedeckt. Ohne Wasser ist kein Leben möglich. Der menschliche Körper besteht zu 70 % aus Wasser, Pflanzen zu etwa 95 %.

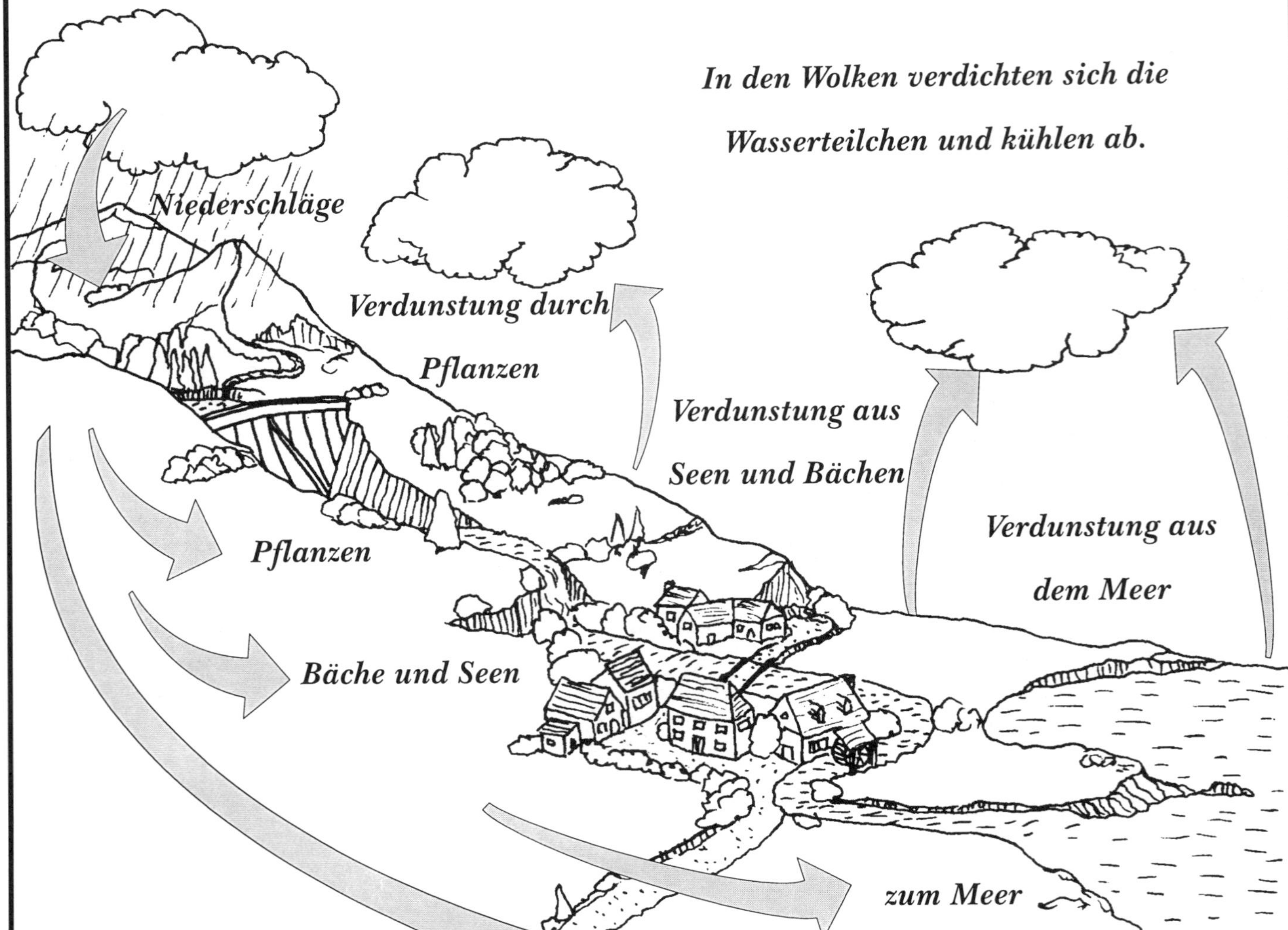

Stelle eine Schale mit Wasser an einen sonnigen Platz. Was kannst du nach einigen Stunden / Tagen beobachten? Versuche, zu erklären!

Das Wasser ist verdunstet. Die winzigen, unsichtbaren Wasserteilchen sind in die Luft aufgestiegen.

Wovon hängt die Verdunstung ab?

Temperatur, Luftfeuchtigkeit, Größe der Wasseroberfläche, Wind

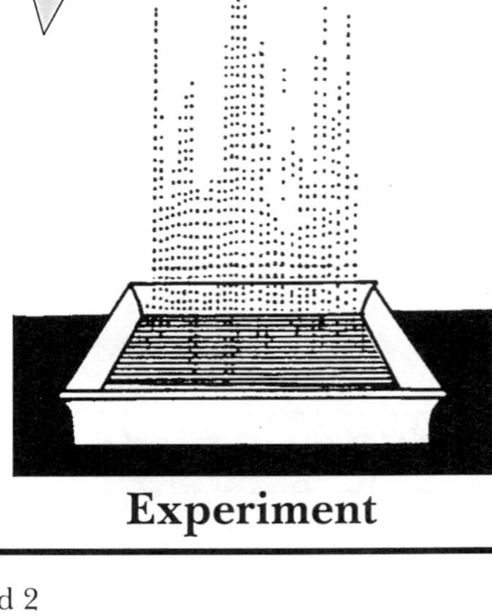

Experiment

GSE

Trinkwassergewinnung

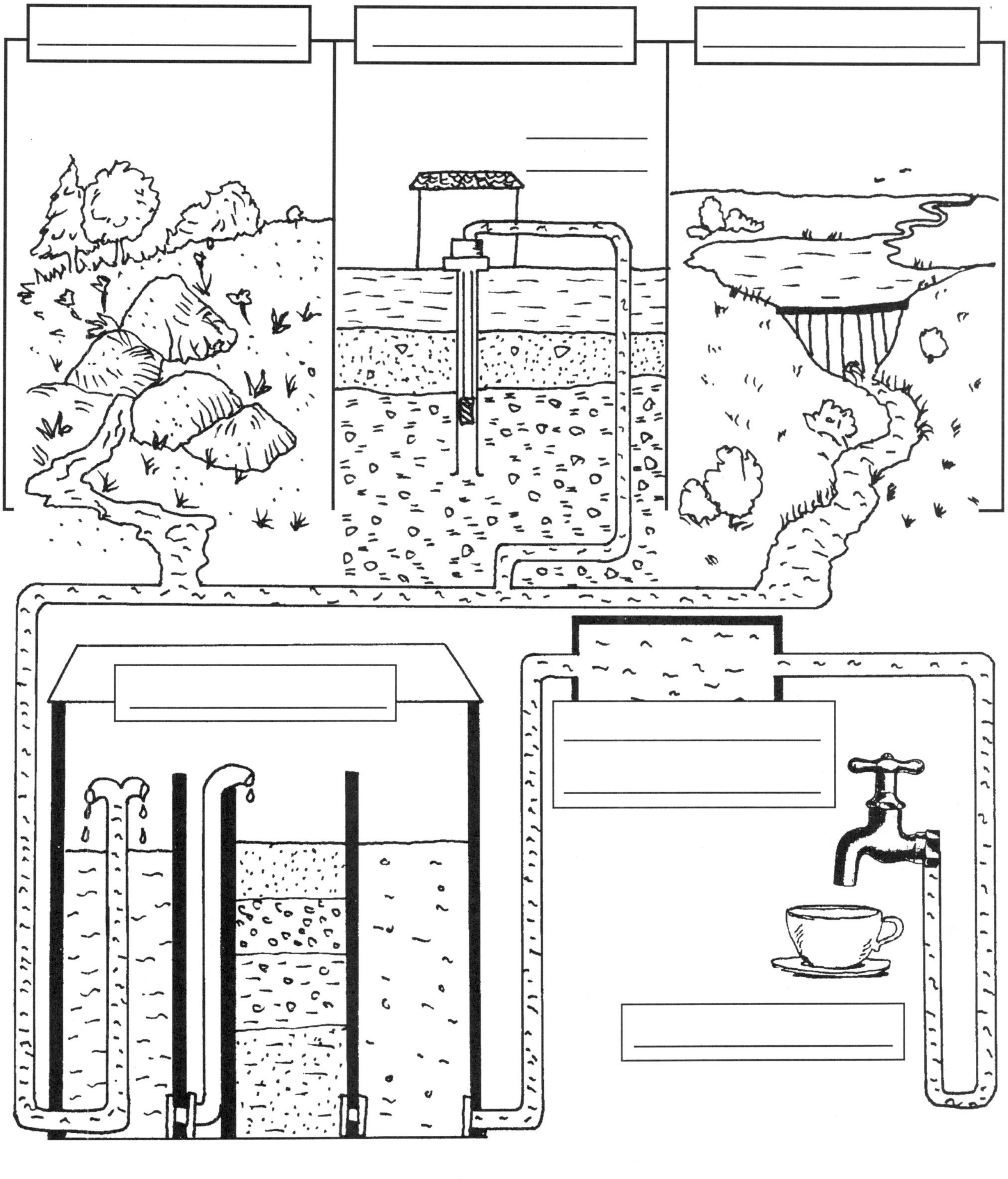

GSE

Trinkwassergewinnung

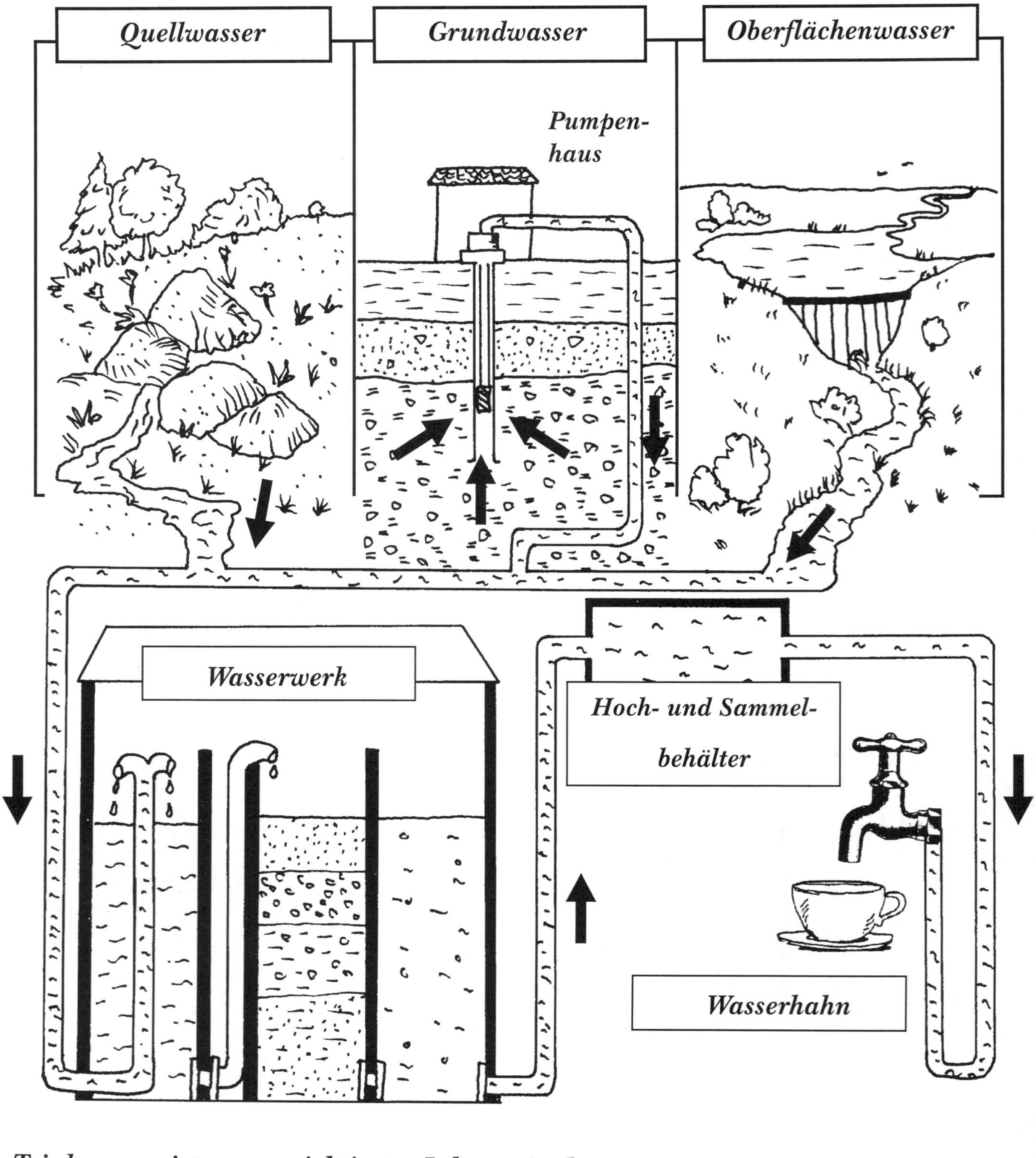

Trinkwasser ist unser wichtigstes Lebensmittel.

10 000 Brunnen und Quellen liefern Jahr für Jahr über 900 Millionen Kubikmeter Grund- und Quellwasser. Das sind 94 % des bayerischen Trinkwassers. Zwei Drittel davon fließen naturbelassen aus dem Wasserhahn.

Wir reinigen Schmutzwasser

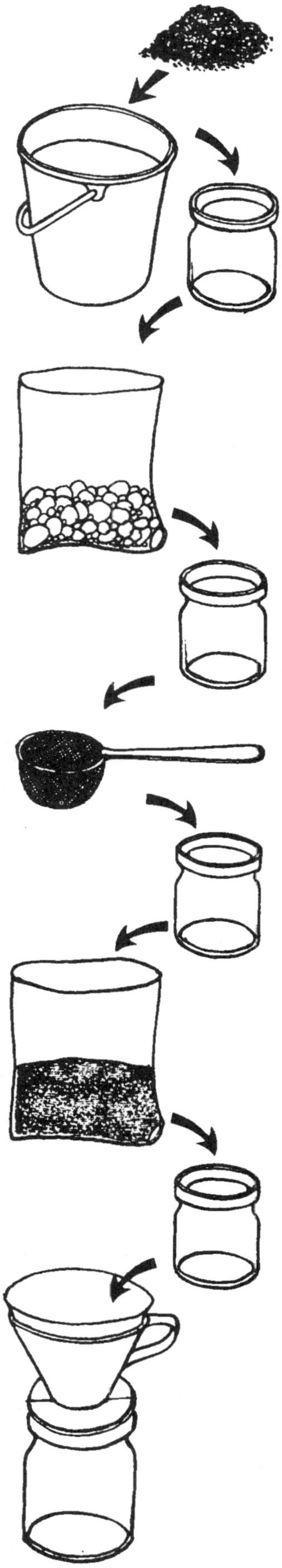

Gib etwas Erde in einen mit Wasser gefüllten Eimer und rühre kräftig um. Schöpfe ein Glas voll Schmutzwasser heraus und vergleiche mit Trinkwasser!

Fülle eine Plastikbeutel zur Hälfte mit gewaschenem Kies. Schneide eine Spitze des Beutels unten so ab, dass ein winziges Loch entsteht. Gieße nun Schmutzwasser in den Beutel.

Gieße den Rest des Schmutzwassers durch ein Teesieb.

Fülle einen Plastikbeutel mit sehr feinem sauberen Sand. Schneide wie vorher ein winziges Loch in den Beutel. Gieße nun einen Teil des vorhin gewonnenen Schmutzwassers in den Beutel.

Gieße den Rest des aufgefangenen Schmutzwassers durch einen Kaffeefilter.

Halte das Glas mit dem gefilterten Wasser gegen das Licht. Lasse das Glas dann für einige Stunden ruhig stehen. Was stellst du anschließend fest?

GSE

Wir reinigen Schmutzwasser

Gib etwas Erde in einen mit Wasser gefüllten Eimer und rühre kräftig um. Schöpfe ein Glas voll Schmutzwasser heraus und vergleiche mit Trinkwasser!

Trinkwasser ist klar, sauber und durchsichtig.

Schmutzwasser ist trübe und undurchsichtig.

Fülle eine Plastikbeutel zur Hälfte mit gewaschenem Kies. Schneide eine Spitze des Beutels unten so ab, dass ein winziges Loch entsteht. Gieße nun Schmutzwasser in den Beutel.

Im Kies bleiben die groben Schmutzteilchen hängen.

Das Wasser wird sauberer.

Gieße den Rest des Schmutzwassers durch ein Teesieb.

Im Teesieb bleiben die groben Schmutzteilchen hängen.

Das Wasser wird sauberer.

Fülle einen Plastikbeutel mit sehr feinem sauberen Sand. Schneide wie vorher ein winziges Loch in den Beutel. Gieße nun einen Teil des vorhin gewonnenen Schmutzwassers in den Beutel.

Im Sand bleiben die feinen Schmutzteilchen hängen.

Das Wasser wird sauberer.

Gieße den Rest des aufgefangenen Schmutzwassers durch einen Kaffeefilter.

Im Filter bleiben die feinen Schmutzteilchen hängen.

Das Wasser wird sauberer.

Halte das Glas mit dem gefilterten Wasser gegen das Licht. Lasse das Glas dann für einige Stunden ruhig stehen. Was stellst du anschließend fest?

Im Wasser schwimmen feine Schmutzteilchen. Diese sinken langsam auf den Boden und bilden den Bodensatz. Wenn sich diese Schmutzteilchen absetzen, klärt sich das Wasser.

GSE

Abwasserbeseitigung

Früher ließen die Menschen das gebrauchte, schmutzige Wasser als Abwasser direkt in die Flüsse und Seen laufen. So wurden sie auf einfache und billige Weise ihre Abfälle los. Kaum jemand erkannte damals, wie gefährlich dieses Schmutzwasser für Mensch und Tier ist. Wer davon trank, wurde krank. Seuchen breiteten sich aus, Fische gingen ein.
Heute ist es noch schlimmer geworden: Mit den Abwässern aus Haushalten, Werkstätten und Fabriken gelangen riesige Mengen von Abfallstoffen durch die Kanäle in unsere Gewässer. Die Abwässer enthalten nicht nur Fäkalien, Nahrungsreste oder Reinigungsmittel, sondern sogar grobe Abfälle wie Papier Konservendosen und Lumpen. Besonders gefährlich sind Fette, Öle und Farbreste, die trotz strenger Verbote immer wieder von Schiffen oder Fabriken ins Wasser abgelassen werden. Auch durch andere Giftstoffe gehen täglich Tausende von Fischen zugrunde. Vielfach ist der Sauerstoffgehalt des Wassers schon so niedrig, dass sich keine Lebewesen mehr darin aufhalten können. Durch die Verschmutzung von Flüssen und Seen ist auch das Grundwasser gefährdet.
Abwässer müssen geklärt werden. Damit das Wasser nicht noch weiter verschmutzt wird, muss immer mehr Geld aufgewendet werden. Teure Kläranlagen sind nötig, um die Abwässer von schädlichen Stoffen zu reinigen.

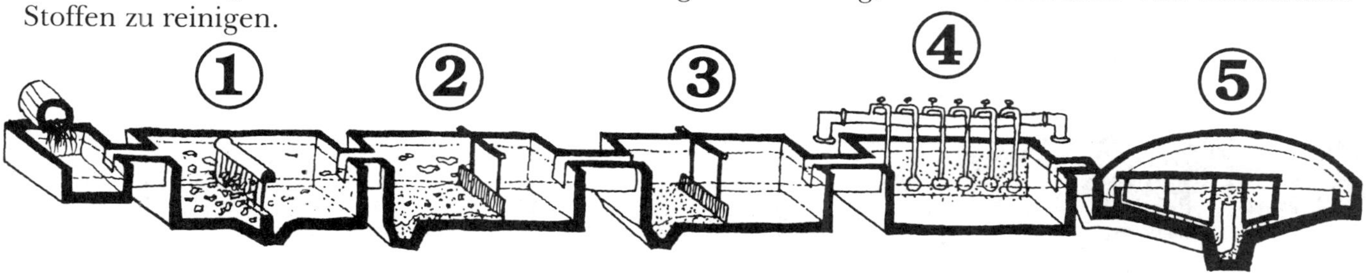

GSE

Abwasserbeseitigung

Früher ließen die Menschen das gebrauchte, schmutzige Wasser als Abwasser direkt in die Flüsse und Seen laufen. So wurden sie auf einfache und billige Weise ihre Abfälle los. Kaum jemand erkannte damals, wie gefährlich dieses Schmutzwasser für Mensch und Tier ist. Wer davon trank, wurde krank. Seuchen breiteten sich aus, Fische gingen ein.
Heute ist es noch schlimmer geworden: Mit den Abwässern aus Haushalten, Werkstätten und Fabriken gelangen riesige Mengen von Abfallstoffen durch die Kanäle in unsere Gewässer. Die Abwässer enthalten nicht nur Fäkalien, Nahrungsreste oder Reinigungsmittel, sondern sogar grobe Abfälle wie Papier Konservendosen und Lumpen. Besonders gefährlich sind Fette, Öle und Farbreste, die trotz strenger Verbote immer wieder von Schiffen oder Fabriken ins Wasser abgelassen werden. Auch durch andere Giftstoffe gehen täglich Tausende von Fischen zugrunde. Vielfach ist der Sauerstoffgehalt des Wassers schon so niedrig, dass sich keine Lebewesen mehr darin aufhalten können. Durch die Verschmutzung von Flüssen und Seen ist auch das Grundwasser gefährdet.
Abwässer müssen geklärt werden. Damit das Wasser nicht noch weiter verschmutzt wird, muss immer mehr Geld aufgewendet werden. Teure Kläranlagen sind nötig, um die Abwässer von schädlichen Stoffen zu reinigen.

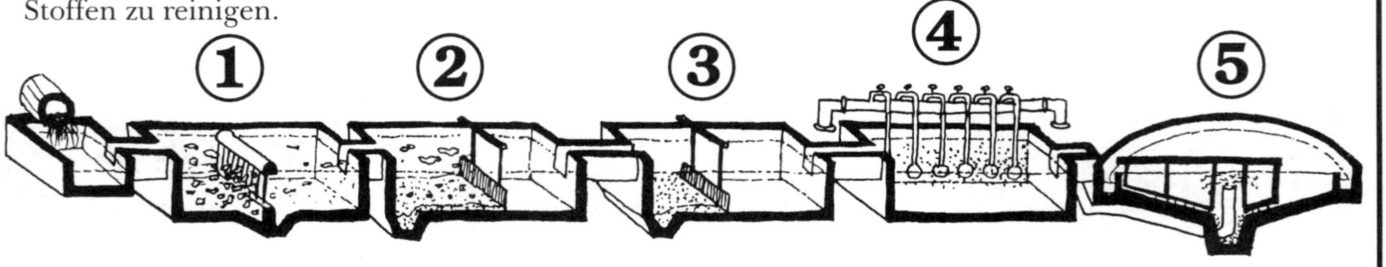

In einem Klärwerk fließt das Abwasser zuerst durch grobe und feine Gitter. An diesen Rechen (1) bleiben sperrige Gegenstände wie Holz, Papier, Lumpen und Büchsen usw. hängen. Dann kommt das Wasser in ein Rundbecken, den Sandfang (2). Es fließt hier sehr langsam. Der mitgeführte Sand kann sich dabei auf dem Boden absetzen. Von Zeit zu Zeit wird der Bodensatz abgeräumt und mit Lastwagen weggefahren. Das nächste Becken ist das Vorklärbecken (3). Hier bleibt das Wasser lange Zeit ruhig stehen, damit auch feine Schmutzteilchen zu Boden sinken. Es bildet sich Schlamm. Wenn das Wasser das Vorklärbecken verlässt, enthält es immer noch große Mengen an gelösten Stoffen und feinsten Teilchen, die im Wasser schweben. Diese werden im Belebtbecken (4) von Bakterien aufgefressen. Dafür benötigen die Bakterien viel Sauerstoff. Deshalb muss in das Wasser ständig Luft hineingeblasen werden. Im Nachklärbecken (5) setzen sich beim ruhigen Stehen des Wassers die noch übrig gebliebenen Schwebeteilchen ab. Ein sehr feiner Bodensatz bleibt zurück. Erst jetzt wird das saubere, geklärte Wasser in Flüsse und Seen geleitet.

GSE

Wasserverbrauch und Wasser sparen

Trinkwasser wird immer knapper. Fast drei Viertel unserer Erde sind mit Wasser bedeckt. Aber nur ein geringer Teil davon ist Trinkwasser. Meerwasser ist salzig. Das Wasser in Flüssen und Seen ist meistens stark verschmutzt. Regenwasser wird in Industriegebieten schon beim Fallen verunreinigt. Selbst das Grundwasser ist nicht immer trinkbar.
Jeder Bewohner Bayerns verbraucht im Durchschnitt täglich etwa 200 Liter Wasser. Handwerksbetriebe und Fabriken benötigen riesige Wassermengen. Weil das Regenwasser nicht ausreicht, müssen Grünanlagen, Gemüsefelder, Obstgärten und Weinberge häufig künstlich bewässert werden.
In großen Städten war in früheren Zeiten das Trinkwasser manchmal so kostbar, dass es Händler eimerweise verkauften. Für uns ist es heute selbstverständlich, dass reines, klares Wasser aus dem Wasserhahn fließt. Doch auch unsere Wasserversorgung ist gefährdet. Da der Wasserverbrauch täglich steigt, wird Trinkwasser immer knapper.

So viele Liter Wasser verbrauchte jeder Bürger Bayerns durchschnittlich pro Tag:

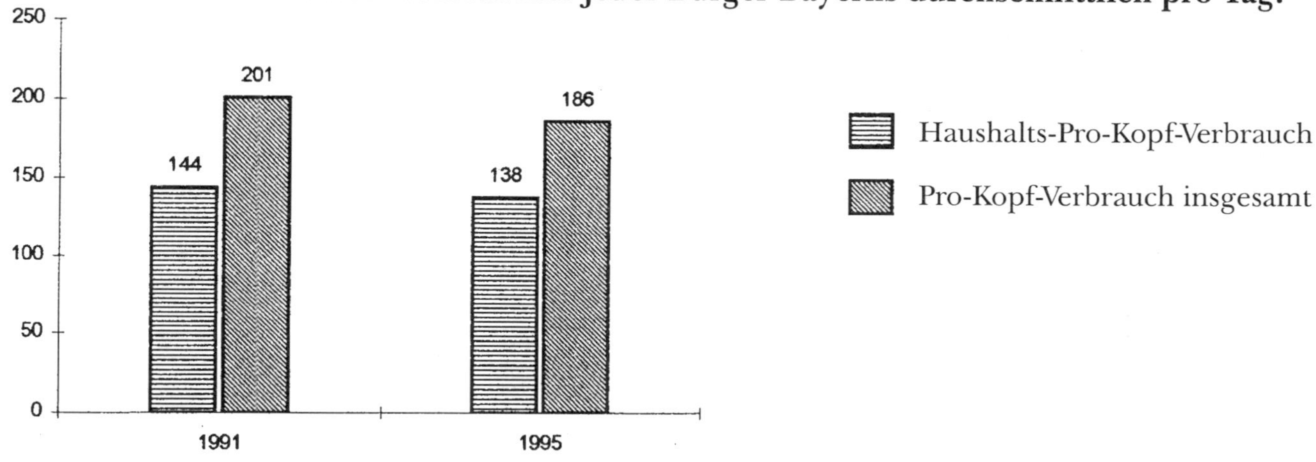

So viele Liter Wasser wurden an die Bürger Bayerns abgegeben:

in 1 000 Kubikmeter

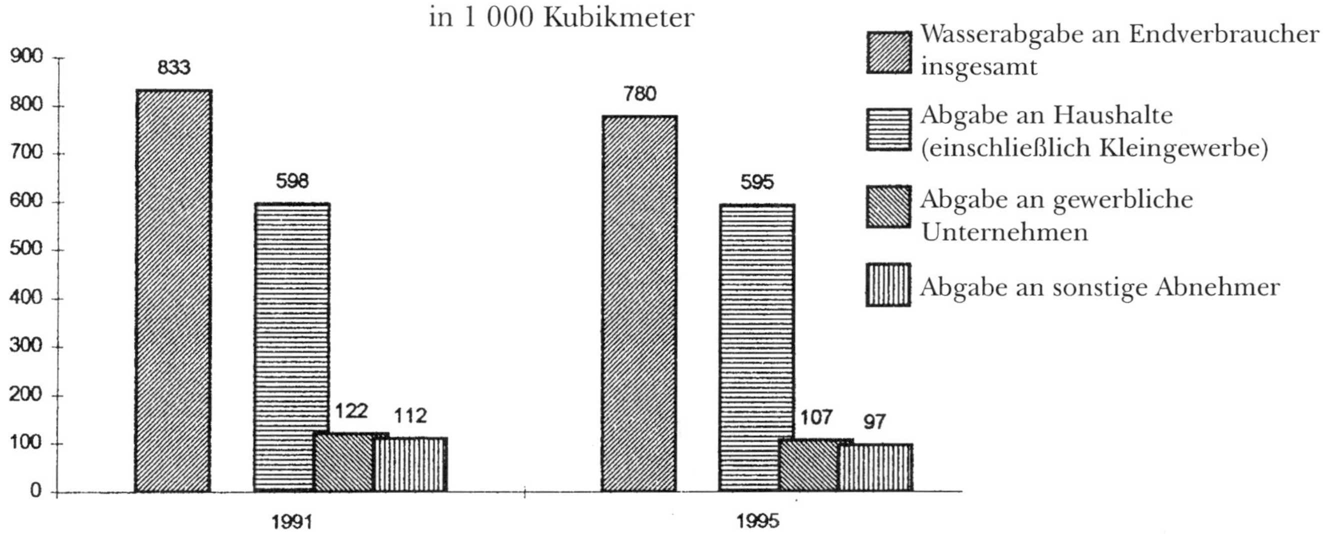

① *Informiert euch über den Wasserverbrauch euerer Gemeinde!*
② *Bestimmt den Wasserverbrauch in eueren Familien pro Tag / pro Woche (Wasserzähler ablesen)!*
③ *Entwerft Poster zum Thema 'Wasserverbrauch und Wasser sparen'!*
④ *Genauere Informationen bekommt ihr vom Bayerischen Landesamt für Statistik und Datenverarbeitung, Neuhauser Straße 8, 80331 München*

Gesetzliche Maßnahmen und Bestimmungen

Trinkwasser muss bestimmten Güteanforderungen entsprechen: Es muss farblos, klar, geruchlos und ohne Nebengeschmack sein. Die Trinkwassertemperatur sollte bei etwa 10° C liegen. Es müssen mindestens 5 Gramm Sauerstoff pro Kubikmeter Wasser gelöst sein. Der pH-Wert (Gehalt an Wasserstoffionen) sollte zwischen 6,8 und 7,5 liegen. Die örtlich verschiedene Menge an schädlichen Stoffen, wie Eisen, Mangan, Sulfaten, Chloriden, Nitriten, Nitraten, Phosphaten, Ammoniak, Kupfer, Blei, Arsen usw., darf eine festgesetzte Grenze nicht überschreiten. Bei den ständigen Kontrollen wird auch besonders auf die Keimfreiheit des Wassers geachtet.

Gesetz zur Ordnung des Wasserhaushalts

(Wasserhaushaltsgesetz - WHG)

im Bundesgesetzblatt Jahrgang 1996, ausgegeben zu Bonn, am 18. November 1996

§ 1a
Grundsatz
(1) Die Gewässer sind als Bestandteil des Naturhaushaltes und als Lebensraum für Tiere und Pflanzen zu sichern. Sie sind so zu bewirtschaften, dass sie dem Wohl der Allgemeinheit und im Einklang mit ihm auch dem Nutzen Einzelner dienen und vermeidbare Beeinträchtigungen ihrer ökologischen Funktionen unterbleiben.
(2) Jedermann ist verpflichtet, bei Maßnahmen, mit denen Einwirkungen auf ein Gewässer verbunden sein können, die nach den Umständen erforderliche Sorgfalt anzuwenden, um eine Verunreinigung des Wassers oder eine sonstige nachteilige Veränderung seiner Eigenschaften zu verhüten, um eine mit Rücksicht auf den Wasserhaushalt gebotene sparsame Verwendung des Wassers zu erzielen, um die Leistungsfähigkeit des Wasserhaushaltes zu erhalten und um eine Vergrößerung und Beschleunigung des Wasserabflusses zu vermeiden.

§ 7a
Anforderungen an das Einleiten von Abwasser
(1) Eine Erlaubnis für das Einleiten von Abwasser darf nur erteilt werden, wenn die Schadstofffracht des Abwassers so gering gehalten wird, wie dies bei Einhaltung der jeweils in Betracht kommenden Verfahren nach dem Stand der Technik möglich ist.

§18a
Pflicht und Pläne zur Abwasserbeseitigung
(1) Abwasser ist so zu beseitigen, dass das Wohl der Allgemeinheit nicht beeinträchtigt wird. Dem Wohl der Allgemeinheit kann auch die Beseitigung von häuslichem Abwasser durch dezentrale Anlagen entsprechen. Abwasserbeseitigung im Sinne dieses Gesetzes umfasst das Sammeln, Fortleiten, Behandeln, Einleiten, Versickern, Verregnen und Verrieseln von Abwasser sowie das Entwässern von Klärschlamm in Zusammenhang mit der Abwasserbeseitigung.

GSE

Wasser der Erde

Heute sind ungefähr sieben Zehntel der Erdoberfläche von Meer bedeckt und doch hat es früher einmal keine Meere gegeben. Wissenschaftler nehmen an, dass die Erde vor ungefähr 3500 Millionen Jahren glühend heiß und von Dampfwolken umgeben war. Als die Erde abkühlte, kühlte auch der Dampf ab, der sie umgab. Du hast vielleicht schon einmal beobachtet, wie sich Dampf an einem kalten Fenster in vielen Wassertropfen niederschlägt und herunterläuft. Ähnliches geschah mit dem Dampf, der die Erde umgab: Das Wasser, das aus dem Dampf entstand, sammelte sich in den Vertiefungen der Erdoberfläche und bildete die Meere.

Mehr als zwei Drittel der Erdoberfläche liegen unter Wasser. Diese riesige Wasserfläche wird gebildet von den großen, miteinander verbundenen Ozeanen: Atlantischer Ozean, Pazifischer Ozean, Indischer Ozean und Nordpolarmeer. Hinzu kommen zahlreiche kleinere, weniger tiefe Meere, die entweder zu den Ozeanen hin offen sind, wie z.B. das Mittelmeer, die Nordsee, das Rote Meer oder gänzlich abgeschlossen sind wie das Kaspische Meer oder der Aralsee.

Alles Wasser auf der Erde befindet sich in einem unendlichen Kreislauf. Die Sonne lässt Wasser an der Oberfläche der Meere, Seen und Flüsse verdunsten. Der Wasserdampf verdichtet sich in der Luft und fällt in Form von Niederschlägen wieder auf die Erde. Das Wasser löst viele chemische Stoffe aus der Erde und dem Gestein und transportiert sie schließlich zum Meer. Einer dieser Stoffe ist das Kochsalz. Deswegen schmeckt Meerwasser salzig. Wenn Meerwasser verdunstet, bleibt das Salz zurück.

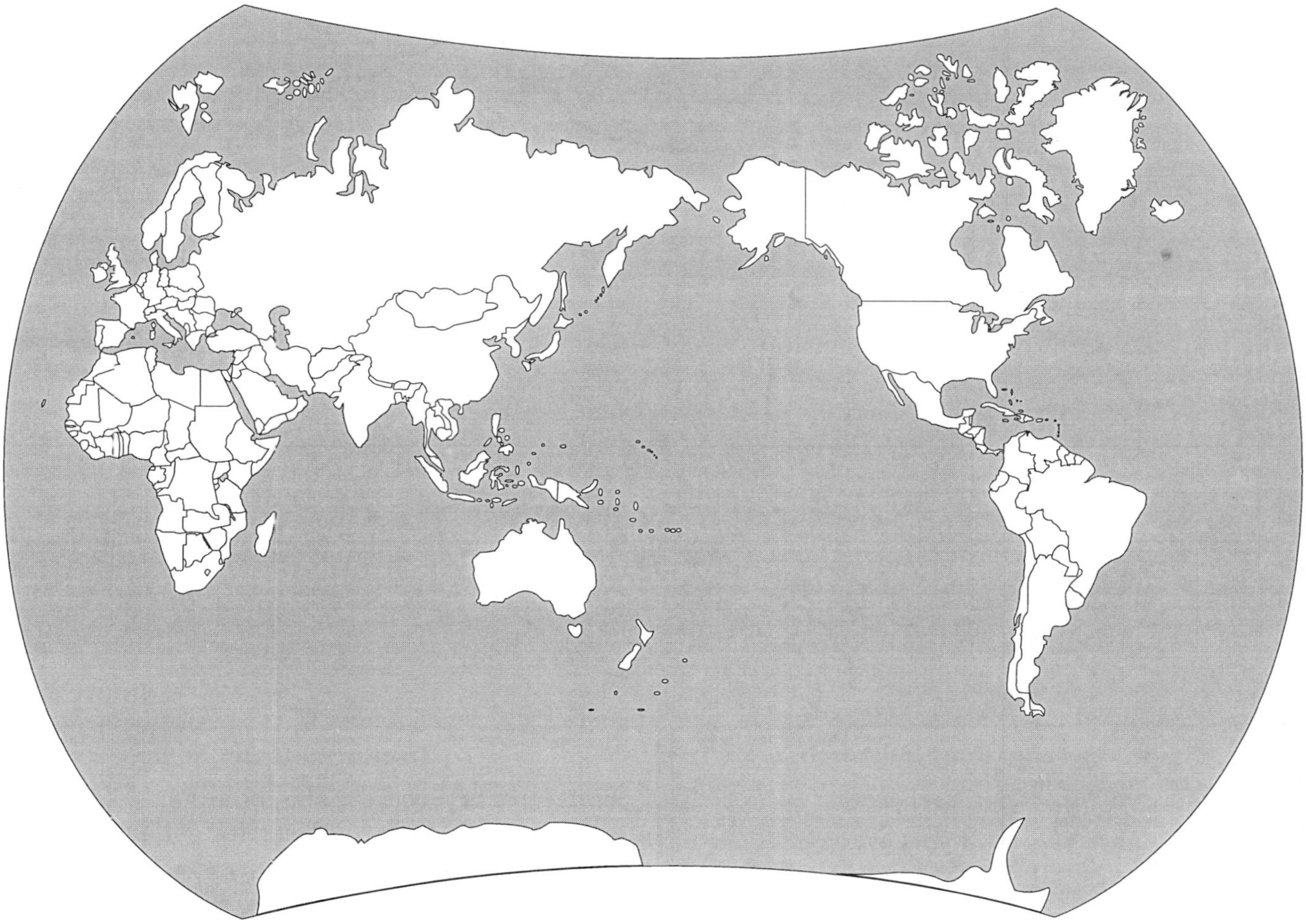

① *Wie entstanden die Meere?*
② *Warum schmeckt Meerwasser salzig?*
③ *Vergleiche Salzwasser und Süßwasser!*
④ *Zeichne die wasserreichen und die wasserarmen Gebiete verschiedenfarbig auf der Weltkarte ein!*

GSE

Bayern

Gewässergüte

Informiere dich in deinem Atlas oder besorge dir entsprechendes Informationsmaterial vom Bayerischen Staatsministerium für Landesentwicklung und Umweltfragen
Rosenkavalierplatz 2,
81925 München

Male dann die Flüsse und Seen in den entsprechenden Farben an!

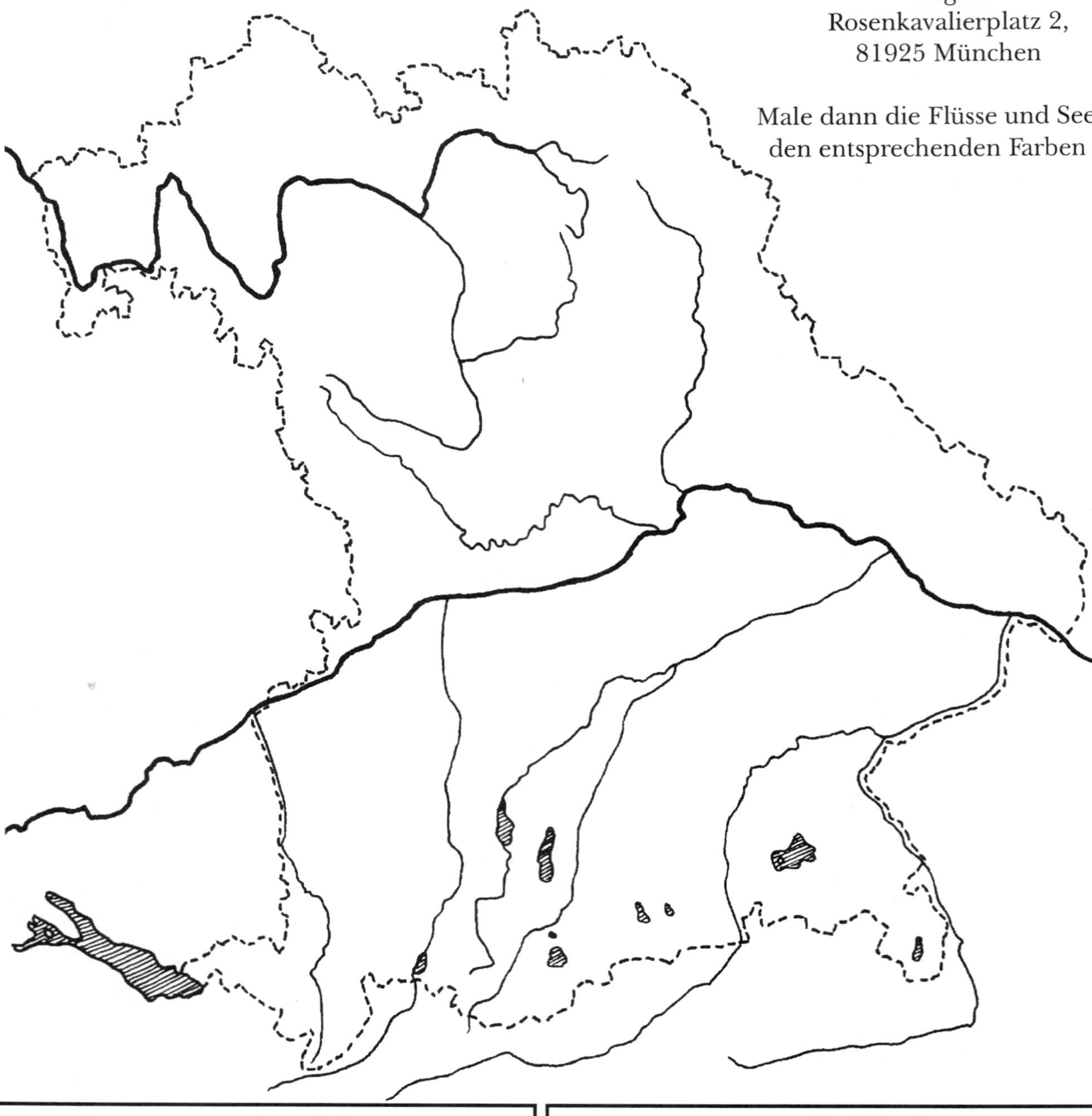

Gewässergüte der Fließgewässer:

○ Güteklasse I:	unbelastet
○ Güteklasser I-II:	gering belastet
○ Güteklasse II:	mäßig belastet
○ Güteklasser II-III:	kritisch belastet
○ Güteklasse III:	stark verschmutzt
○ Güteklasse III-IV:	sehr stark verschmutzt
○ Güteklasse IV:	übermäßig verschmutzt

Trophiestufe der Seen:

○ Oligotrophe Seen:	klar, hoher Sauerstoffgehalt
○ Mesotrophe Seen:	Sichttiefe über 2 m mäßige Planktonproduktion
○ Eutrophe Seen:	geringe Sichttiefe hohe Planktonproduktion
○ Polytrophe Seen:	geringe Sichttiefe kein Sauerstoff

Wasserversorgung im antiken Rom

Über elf Wasserleitungen flossen täglich mehr als eine Milliarde Liter Trinkwasser in die Millionenstadt. Diese Aquädukte waren kunstvolle Bauten von bis zu 60 Kilometern Länge. Gewaltige Brücken überspannten Täler und lange Tunnel führten durch Berge.
Diese Wasserleitungen versorgten über ein ausgeklügeltes Verteiler- und Rohrnetz zuerst die etwa 2 000 öffentlichen Brunnen, dann die elf öffentlichen Bäder und 926 privaten Bäder und zuletzt die Häuser zahlungskräftiger Privatleute. Die öffentlichen Bäder, Thermen genannt, waren so groß, dass gleichzeitig mehrere Tausend Badegäste darin Platz fanden.
Die meisten Menschen holten ihr Trinkwasser von den öffentlichen Brunnen in den Straßen und wuschen sich in öffentlichen Bädern. Man konnte sich auch einen Wasseranschluss ins Haus legen lassen. Manche taten dies heimlich, um nicht dafür bezahlen zu müssen. Viele Leute gingen auf öffentliche Toiletten. In manchen der großen Wohnhäusern waren im Erdgeschoss Toiletten eingebaut. Die Abwässer wurden durch ein Kanalsystem unter den Straßen transportiert. In Rom gab es einen riesigen Kanal, die cloaca maxima. Sie existiert heute noch.

Öffentliche Brunnen wie diesen gab es in allen römischen Städten.

1. *Berechne den durchschnittlichen Wasserverbrauch eines Bürgers der Stadt Rom vor 2 000 Jahren!*
2. *Vergleiche mit dem heutigen Wasserverbrauch!*
3. *Im damaligen Rom kümmerte man sich auch um die Abwasserentsorgung. Was hast du darüber im Text erfahren?*
4. *Wie viele Bäder gibt es in deiner Heimatgemeinde? Wie viele Menschen haben darin Platz?*

Der "schwarze Tod"

Pestarzt in seiner Schutzkleidung

Um das Jahr 1350 drang aus China über Indien und die Häfen des Mittelmeeres eine gefährliche, ansteckende Krankheit in Europa ein und wanderte von Land zu Land: die Pest. Die Ärzte waren machtlos. Wenn jemand von dem gefürchteten Schüttelfrost befallen wurde, wenn sich infolge von Blutungen unter der Haut schwarze Flecken oder Beulen zeigten, so stellten die Hausgenossen dem Kranken Speise und Wasser ans Bett und überließen ihn seinem Schicksal. Die Zahl der Toten stieg so stark an, dass die Friedhöfe nicht mehr ausreichten; Massengräber außerhalb der Stadt wurden ausgehoben. Maskierte Pestknechte sammelten mit Pestkarren die Leichen zusammen.

"... Der Rat der Stadt gebietet: Straßen und Plätze sind durch tägliches Kehren zu reinigen. - Die Luft ist durch Räuchern mit Wacholderholz zu säubern! - Kranke müssen in besondere Räume gelegt werden! - Häuser mit Pestkranken sind durch Kreuze zu kennzeichnen! - Betten und Kleider der Kranken müssen verbrannt werden. - Kein Fremder darf die Stadt betreten! - Briefe müssen geräuchert werden, Geld ist mit Essig zu waschen! - Beim Kirchgang bestreicht man die Nasenlöcher mit Wein, in dem Gewürze zerrieben wurden! - Man hüte sich vor allem Baden! - Als Medizin mische man Ingwer, Zimt, Pfeffer, Muskatnuss, Wacholderbeeren und Safran mit Branntwein! - Gott helfe uns allen!..."

Besonders in den dicht besiedelten Gebieten an Rhein und Donau fielen Hunderttausende der Seuche zum Opfer. Viele Städte und Dörfer Europas lagen verlassen und leer. Als das Gerücht aufkam, die Juden hätten die Brunnen vergiftet, verjagten die verängstigten Menschen die Juden aus vielen Städten oder schlugen sie tot. Manchen Bürgern und Fürsten war das ein willkommener Anlass ihre Gläubiger loszuwerden, denn die Juden verliehen Geld und verlangten hohe Zinsen.
Nach zwei Jahren erlosch die Pest. Jeder dritte Einwohner Europas war ihr zum Opfer gefallen.

Ein italienischer Dischter, dessen Vater an der Pest gestorben war, berichtet über den 'schwarzen Tod':

Mit Beginn des Frühlings begann die Seuche ihre schmerzensreichen Wirkungen auf eine grässliche Art zu zeigen. Bei Männern und Frauen zeigten sich Geschwulste unter der Achsel bis zur Größe eines Apfels, die das Volk Pestbeulen nannte. Von dort aus verbreitete sich das tödliche Pestgift über den ganzen Leib. Kein ärztlicher Rat und keine Kraft der Arzneien erwiesen sich heilsam. Jedenfalls genasen nur sehr wenige und fast alle starben rasch binnen drei Tagen nach dem Auftreten jener Zeichen.
Die Verderblichkeit dieser Krankheit war um so größer, als der Todeskeim von den Kranken auf die Gesunden übergriff und zwar nicht nur beim Umgang mit den Kranken selbst, sondern auch beim Berühren ihrer Kleider und Sachen. Deswegen hatten fast alle das Ziel, die Kranken und deren Sachen zu fliehen. Die Pest hatte in den Herzen der Männer und der Frauen einen solchen Schauder erregt, dass ein Bruder den andern verließ oder der Onkel den Neffen und die Schwester den Bruder und oft die Frau ihren Gatten. Und sogar die Väter und Mütter scheuten sich, nach ihren Kindern zu sehen und sie zu pflegen. So starben viele, die sich vielleicht, wenn sie betreut worden wären, erholt hätten.

GSE

Krankheiten - eine Geißel der Menschheit

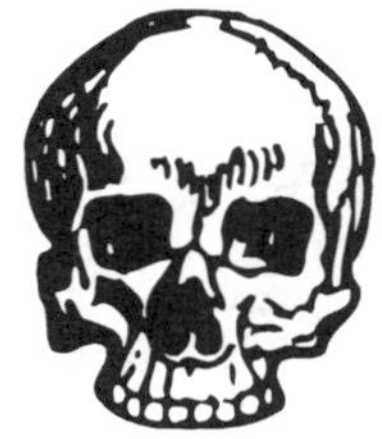

Für die Menschen des Mittelalters waren Krankheiten eine Geißel Gottes. Wenn damals eine Grippewelle ausbrach, dann starben Tausende. Eine tiefe offene Wunde, eine Blinddarmentzündung oder ein eiternder Zahn führten leicht zum Tod. Ansteckende schwere Krankheiten entvölkerten ganze Landstriche.

Krankheiten und Verletzungen waren lebensgefährlich

Ansteckende Krankheiten breiteten sich sehr schnell aus.

Diese Krankheiten waren damals tödlich:

GSE ....

Krankheiten - eine Geißel der Menschheit

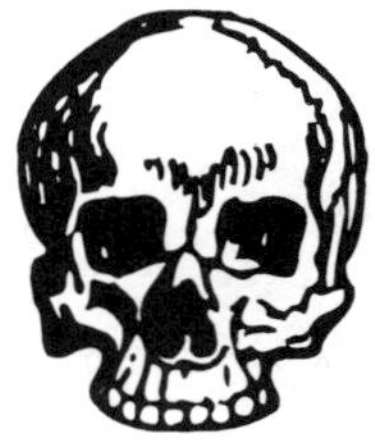

Für die Menschen des Mittelalters waren Krankheiten eine Geißel Gottes. Wenn damals eine Grippewelle ausbrach, dann starben Tausende. Eine tiefe offene Wunde, eine Blinddarmentzündung oder ein eiternder Zahn führten leicht zum Tod. Ansteckende schwere Krankheiten entvölkerten ganze Landstriche.

Krankheiten und Verletzungen waren lebensgefährlich.

Es gab nur wenige Ärzte, die wirklich etwas verstanden und helfen konnten.

Die Menschen waren durch eine unzureichende und oft auch einseitige Ernährung geschwächt.

Entsprechende Medikamente waren meist unbekannt.

Krankheiten wurden als Strafe Gottes für begangene Fehler gesehen und als Buße dafür hingenommen.

Gängige 'Behandlungsmethoden' waren eher lebensbedrohlich als heilend.

Ansteckende Krankheiten breiteten sich sehr schnell aus.

Die Straßen waren voller Abfälle. Eine besondere Müll- und Abwasserbeseitigung gab es nicht. Überall wimmelte es von Ungeziefer. Die Menschen nahmen es mit der Körperhygiene nicht genau.

Diese Krankheiten waren damals tödlich:

Viren: Grippe, Kinderlähmung, Pocken, Diphtherie, Wundstarrkrampf

Bakterien: Pest, Cholera, Aussatz, Kindbettfieber, Tuberkulose, Ruhr, Geschlechtskrankheiten

Das Reich Karls des Großen

- ❍ Das fränkische Großreich
- ❍ Ausdehnung und Sicherung der Grenzen
- ❍ Kirche und Kultur / Sprache und Schrift
- ❍ Karl der Große: Kaiser 800 und Schutzherr der Kirche

❶ **Das Leben Karls des Großen** Lebenslauf und Ereignisse		AB (S. 26)
❷ **Das fränkische Großreich entsteht** Pippin legte den Grundstein zum fränkischen Großreich und zur Allianz mit dem Papst Ausdehnung des Reiches durch Karl Kaiserkrönung 800 n. Chr.		AB (S. 27) Lösung S. 28
❸ **So regierte Karl der Große sein Reich** Reisekönigtum (Pfanzen und Meierhöfe) Struktur der Kaiserpfalz zu Aachen Worum kümmerte sich Karl? Übermittlung der Befehle und Kontrolle		AB (S. 29) Lösung S. 30
❹ **Die Sicherung der Grenzen** Bedrohung des Reiches durch Mauren, Awaren, Slawen und Dänen Sicherung der Grenzen am Beispiel Bayerns		AB (S. 31) Lösung S. 32
❺ **Die Verdienste Karls des Großen** Zusammenstellung der Verdienste in Kärtchenform Erarbeiten der jeweiligen Stichwörter Geeignet als Spiel, z.B. Memory		AB (S. 34) Lösung S. 33
❻ **Wer trägt die Hauptlast der Kriege?** Aufruf zum Heerbann Die Kosten einer Kriegerausrüstung Die Folgen für die freien Bauern		AB (S. 35)
❼ **Krieg gegen die Sachsen** Zusammenfassender Text zu den Sachsenkriegen Verordnung aus dem Jahre 785 diskutieren Ausweitung: Diskussion zum Thema 'Glaubenskriege'		AB (S. 36)
❽ **Die Bedeutung der Klöster** Wirtschaftliches Zentrum / Handwerkliches und bäuerliches Zentrum / Geistiges und kulturelles Zentrum / Soziales Zentrum / Religiöses und politisches Zentrum		AB (S. 37) Lösung S. 38
❾ **Kloster - Schrift - Sprache** Abbildungen und Textbeispiele		Infoblatt (S. 39)
❿ **Im Reiche Karls des Großen** Spielplan - Fragekarten werden von den Schülern selbst erstellt		Spielplan (S. 40)

Das Leben Karls des Großen

-742 Karl wird am 2. April als erstes Kind Pippins des Kurzen und seiner Gemahlin Bertrada geboren. Pippin war Hausmeier des Merowingerkönigs Childerich III.
751 Pippin der Kurze wird zum König der Franken gewählt.
754 Papst Stephan III. salbt Pippin feierlich in Saint-Denis und ernennt Karl sowie dessen Bruder Karlmann zu "Patriziern der Römer".
759 bis 765 Karl begleitet seinen Vater bei seinen Kämpfen gegen die aufrührerische Koalition zwischen den Basken und dem Herzog von Aquitanien. Er heiratet Himiltrude.
768 Beim Tod seines Vaters erbt Karl Austrasien, den nördlich der Oise gelegenen Teil Neustriens und gemeinsam mit seinem Bruder Karlmann, der den südlich der Oise gelegenen Teil Neustriens erhält, Aquitanien.
770 Karl versucht, zu einem Bündnis mit den Langobarden zu gelangen und heiratet Ermengarde, die Tochter des Langobardenkönigs Desiderius. Zuvor hat er Himiltrude verstoßen, die ihm soeben seinen Sohn Pippin den Buckligen geboren hat.
771 Karlmann stirbt und Karl annektiert sein Reich. Er verstößt Ermengarde und heiratet Hildegard.
772 Karl zieht gegen die Sachsen in den Krieg und fällt die heilige Eiche Irminsul. Sein Sohn Karl wird geboren.
773 Karl fordert Desiderius auf, die Gebiete zurückzugeben, die dieser im Exarchat und im römischen Herzogtum besetzt hat. Als Desiderius sich weigert, überschreitet Karl die Alpen besetzt den gesamten Norden Italiens und belagert Pavia, die Hauptstadt des Langobardenreichs.
774 Karl erobert Pavia und nimmt den Titel "König der Langobarden" an.
775 Feldzug gegen die Sachsen.
776 Karl kehrt nach Italien zurück, um eine langobardische Revolte niederzuwerfen.
777 Karl beruft die fränkische Reichsversammlung in Paderborn ein und nimmt die Unterwerfung der Sachsen entgegen. Er beginnt mit den Vorbereitungen für die Expedition gegen die Mauren in Spanien. Sein Sohn Karlmann kommt zur Welt.
778 Karls Sohn Ludwig kommt zur Welt. Frühling: Das fränkische Heer überschreitet die Pyrenäen, die Eroberung vor Nordspanien beginnt. Sommer: Auf dem Heimweg wird die von Roland angeführte fränkische Nachhut von den Basken bei Roncesvalles niedergemetzelt.
779/780 Krieg gegen die Sachsen.
780 Karl begibt sich nach Italien und verbringt den Winter in Pavia.
781 Frühjahr: Er trifft in Rom ein. Papst Hadrian I. salbt Karlmann, der auf den Namen Pippin umgetauft wurde, zum König von Italien. Karl kehrt nach Gallien zurück, um die Revolte des Bayernherzogs Tassilo niederzuschlagen.
782 Juni: Er bricht wieder zu einem Feldzug gegen die Sachsen auf. Auf dem Dachtelfeld werden die Franken von Widukind besiegt. Karl lässt in Verden ungefähr 4500 aufrührerische Sachsen enthaupten.
783 Hildegard stirbt und sofort nach ihr auch Karls Mutter Bertrada. Frühjahr: Neuerlicher Feldzug gegen die Sachsen. Herbst: Karl heiratet Fastrada.
784/785 Sein letzter Feldzug gegen die Sachsen endet mit Widukinds Unterwerfung.
785 Karl legt einen Streit mit den Bretonen bei. Er entsendet eine Expedition gegen die Mauren nach Spanien, denen weitere Feldzüge (unter der Anführung seiner Söhne) in den Jahren 797 / 801 und 811 folgen. Sie führen zur Gründung der Spanischen Mark.
786 Gegen Ende des Jahres befindet sich Karl in Italien, um ein Bündnis zwischen Herzog Arichis von Benevent und Byzanz zu verhindern.
787 Karl weigert sich, seine Tochter Rotrud Kaiser Konstantin VI. von Byzanz zur Frau zu geben.
788 Karl verbannt Tassilo, der versucht hatte, sich mit den Awaren zu verbünden und bemächtigt sich seines Herzogtums.
791 Sommer: Karl bricht zum Feldzug gegen die Awaren auf. Während seiner Abwesenheit nimmt sein Sohn Pippin der Bucklige an einer Verschwörung gegen Karl teil. Pippin wird für schuldig befunden und Karl lässt ihn ins Kloster Prüm sperren.
793 Karl führt wieder Krieg gegen die Sachsen, Fastrada stirbt. Er setzt den Kampf gegen die Awaren fort.
795 Hadrian I. stirbt; sein Nachfolger Leo III. schickt Karl sofort Beweise seiner Freundschaft.
796 Karl heiratet Liutgard. Sein Sohn Pippin besiegt die Awaren.
799 Leo III. entkommt im April einer Verschwörung, bittet Karl um Hilfe und wird nach Paderborn eingeladen. Der Papst kehrt im Oktober mit einer fränkischen Eskorte nach Rom zurück.
800 Juni: Liutgard stirbt. Herbst: Karl begibt sich nach Rom. Weihnachtsabend: Papst Leo III. krönt ihn im Petersdom zum römischen Kaiser.
801 Karl bleibt bis Ostern in Rom und sondiert die Möglichkeiten einer Heirat mit Irene, der "Kaiserin" von Byzanz. Er kehrt nach Gallien zurück und überlässt es seinen Söhnen, die Kämpfe gegen die Sachsen und gegen die Mauren in Spanien fortzusetzen.
802 Karl befiehl die Umsiedlung der Sachsen.
805 Karl regelt die kaiserliche Thronfolge.
805/806 Es kommt zu einem Konflikt mit dem byzantinischen Reich.
807 Karl empfängt in Aachen die Gesandten Harun-al Raschids.
809 Die Auseinandersetzung mit Byzanz flammt wieder auf; es geht um den Besitz von Venedig.
810 Karls Lieblingstochter Rotrud sowie Pippin sterben.
811 Karl verfasst sein Testament. Pippin der Bucklige stirbt. Karl, der Erbe des Kaiserthrons, stirbt. Karl schließt einen Vertrag mit dem oströmischen Kaiser Michael I.
813 Karl ernennt seinen Sohn Ludwig zum Mitregenten.
814 Karl stirbt am 28. Januar in Aachen.

Das fränkische Großreich entsteht

Die Franken eroberten im 5. Jahrhundert große Teile des heutigen Deutschlands und Frankreichs. Im 8. Jahrhundert wurden die Verwalter der königlichen Hofhaltung, die ___________, so mächtig, dass sie die Königswürde anstrebten. ________, der Vater Karls, wusste, dass er dazu der Hilfe der _________ bedurfte. Der Papst wurde aber von seinen Feinden in Italien hart bedrängt, er suchte einen Bundesgenossen und Beschützer.

____

____

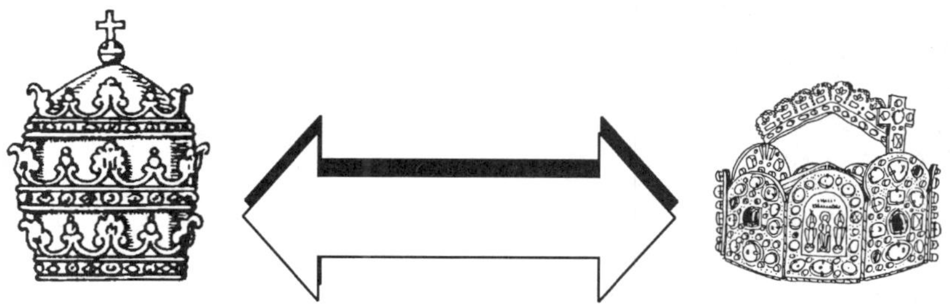

___________ ___________

Im Jahr 768 starb der fränkische König Pippin und seine beiden Söhne Karl, 26 Jahre, und Karlemann, 17 Jahre, teilten die Erbschaft unter sich. Karlemann aber starb schon nach drei Jahren, so dass Karl das Gesamterbe zufiel.

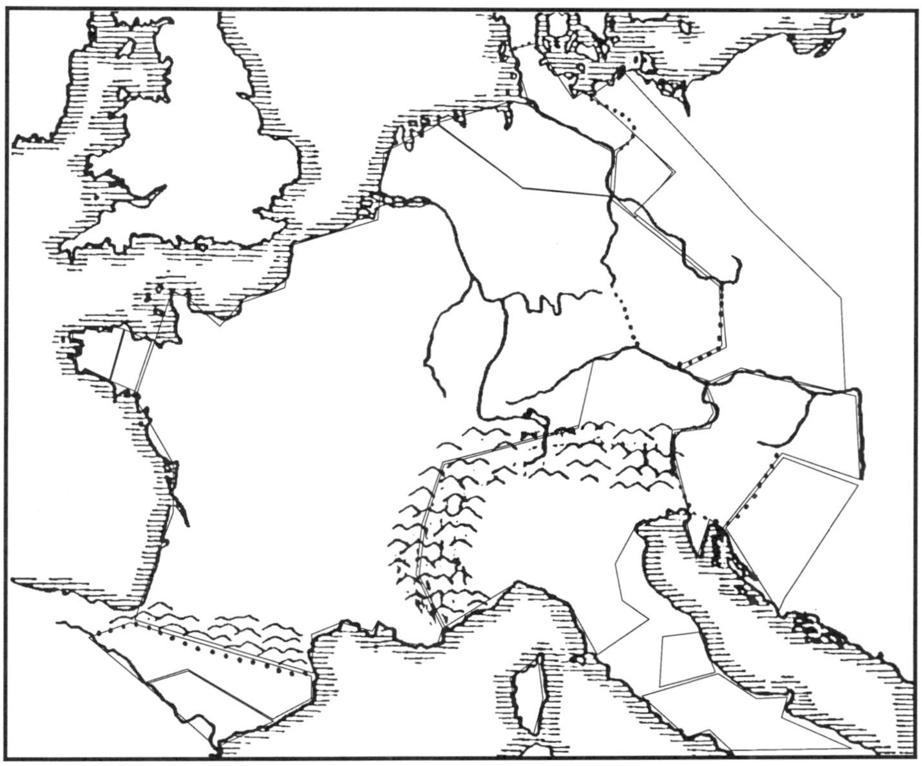

① Benütze verschiedene Farben für Gebiete, die Karl

☐ erbt
☐ erobert
☐ tributpflichtig sind

② Welche Länder des heutigen Europas umfasste das Reich Karls des Großen?

③ Bestimme die größte Ausdehnung in Nord-Süd und in Ost-West Richtung!

④ Du schaffst auf einem Pferd täglich 50 km. Wie lange brauchst du für diese Entfernungen?

____

____

Das fränkische Großreich entsteht

Die Franken eroberten im 5. Jahrhundert große Teile des heutigen Deutschlands und Frankreichs. Im 8. Jahrhundert wurden die Verwalter der königlichen Hofhaltung, die ***Hausmeier*** , so mächtig, dass sie die Königswürde anstrebten. ***Pippin*** , der Vater Karls, wusste, dass er dazu der Hilfe der ***Papstes*** bedurfte. Der Papst wurde aber von seinen Feinden in Italien hart bedrängt, er suchte einen Bundesgenossen und Beschützer.

Der Papst weihte Pippin zum König.

Pippin half dem Papst gegen die Langobarden.

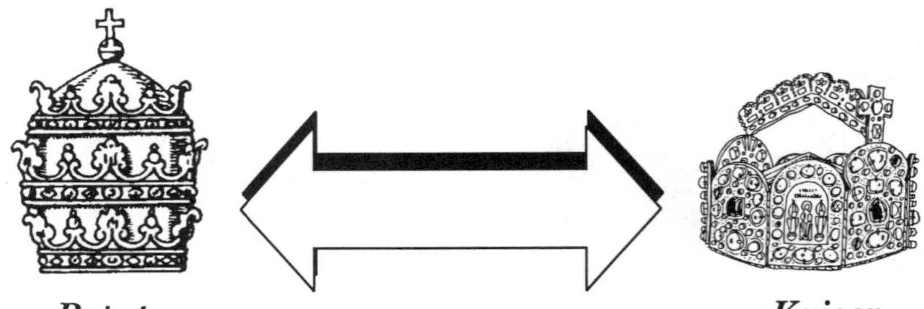

Im Jahr 768 starb der fränkische König Pippin und seine beiden Söhne Karl, 26 Jahre, und Karlemann, 17 Jahre, teilten die Erbschaft unter sich. Karlemann aber starb schon nach drei Jahren, so dass Karl das Gesamterbe zufiel.

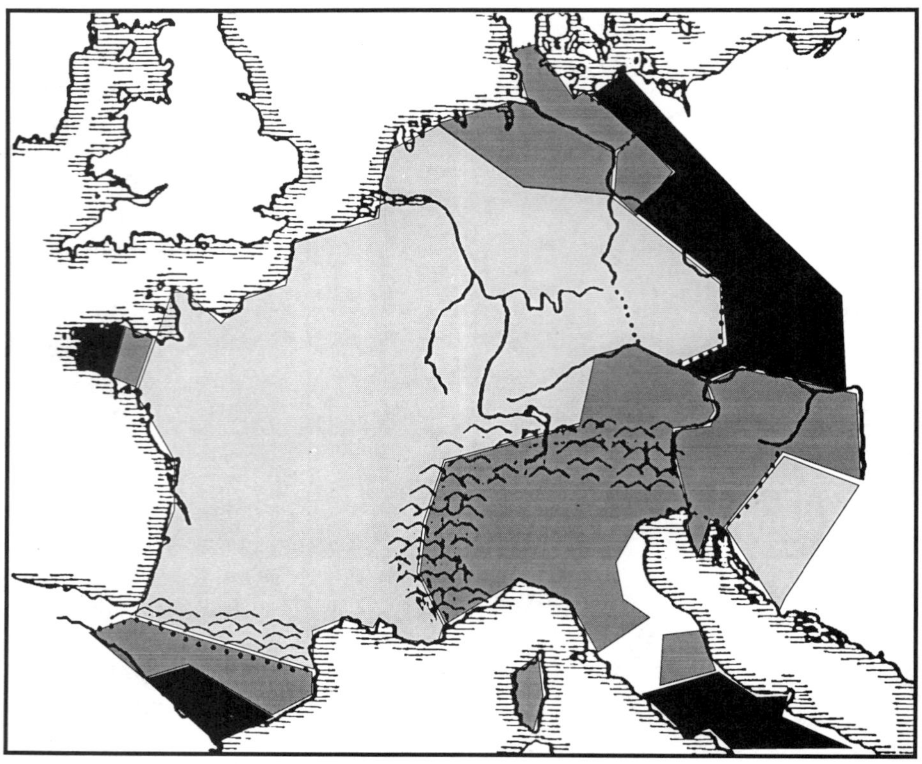

① Benütze verschiedene Farben für Gebiete, die Karl

- erbt
- erobert
- tributpflichtig sind

② Welche Länder des heutigen Europas umfasste das Reich Karls des Großen?

③ Bestimme die größte Ausdehnung in Nord-Süd und in Ost-West Richtung!

④ Du schaffst auf einem Pferd täglich 50 km. Wie lange brauchst du für diese Entfernungen?

Karl eroberte in mehr als 30 Jahren ein Großreich.

Im Jahre 800 wurde er in Rom vom Papst zum Kaiser gekrönt.

→ ***Nachfolge Westroms***

GSE

So regierte Karl der Große sein Reich

Kaiserpfalz zu Aachen

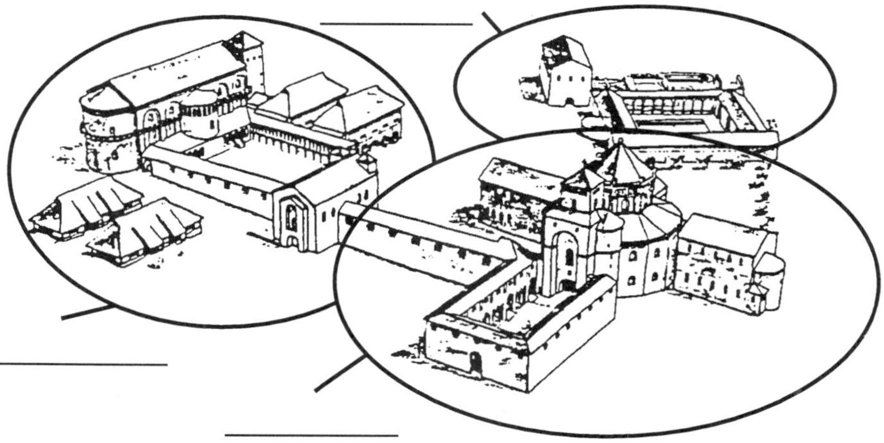

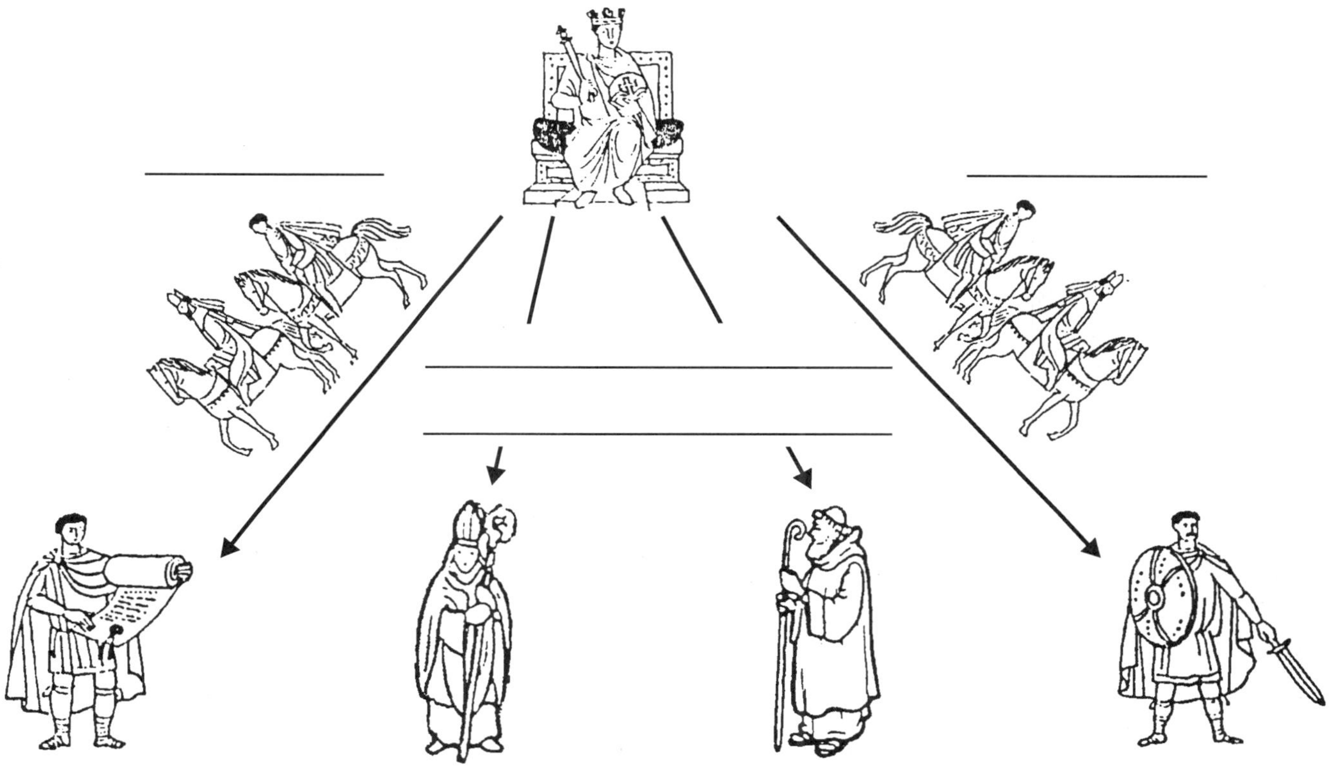

Worum kümmerte

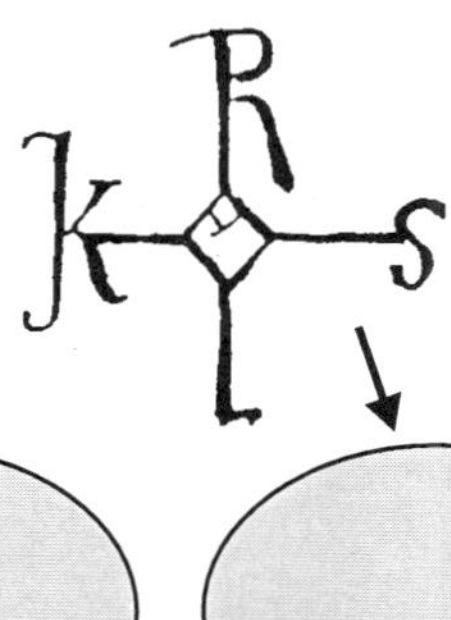

sich Karl?

GSE

So regierte Karl der Große sein Reich

Kaiserpfalz zu Aachen

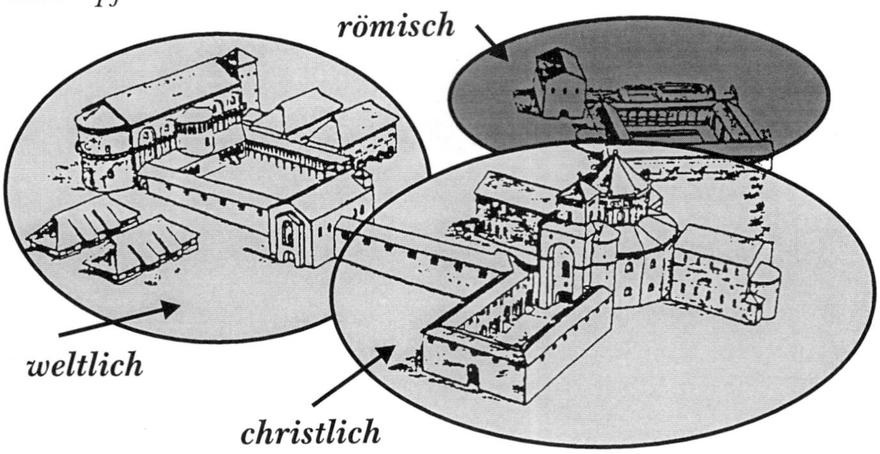

Der König zog mit seinem Hofstaat durch das Land.

Pfalzen → Unterkunft

Meierhöfe → Verpflegung

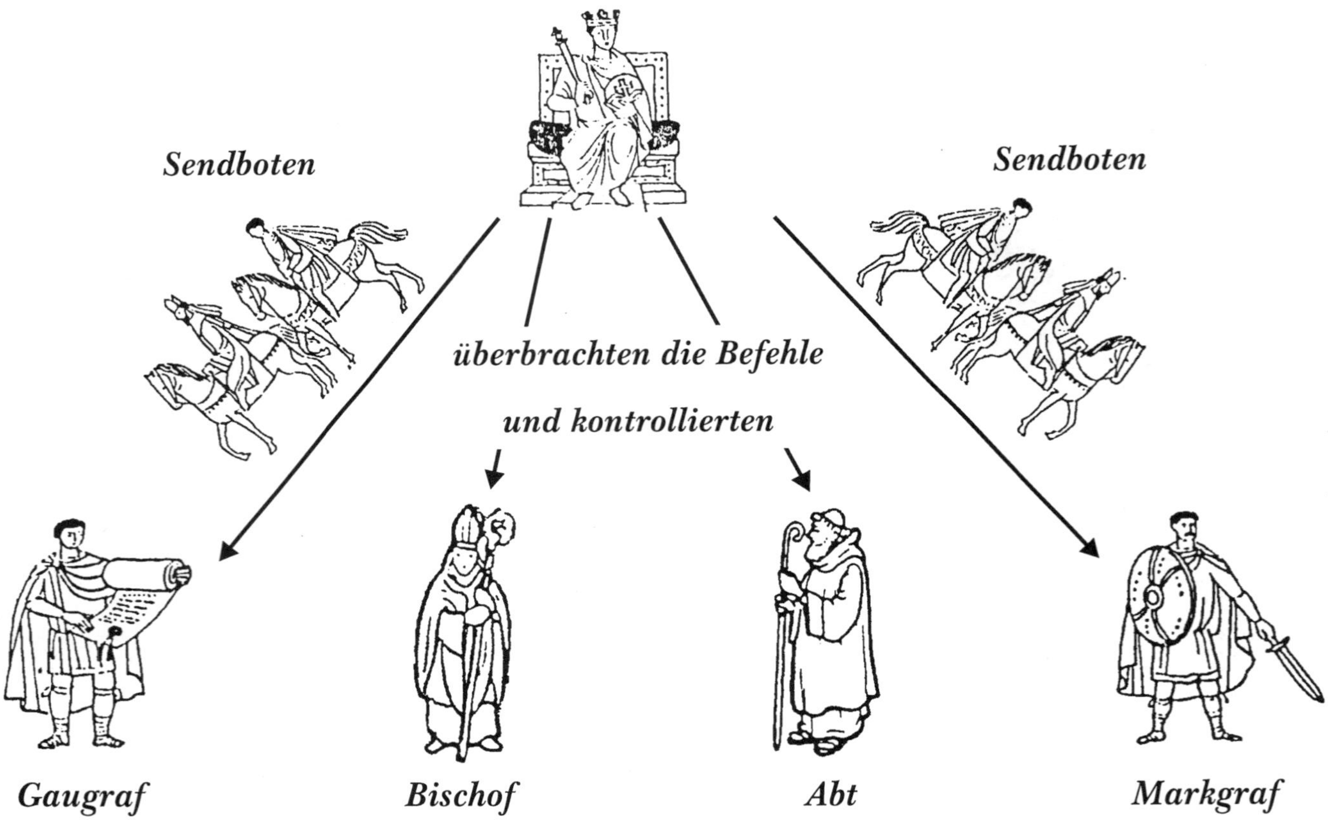

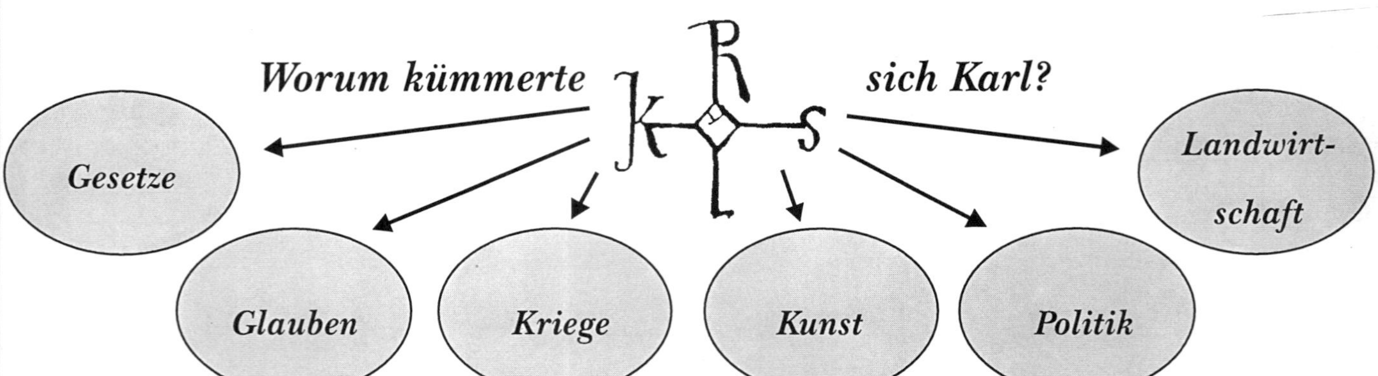

GSE

Die Sicherung der Grenzen

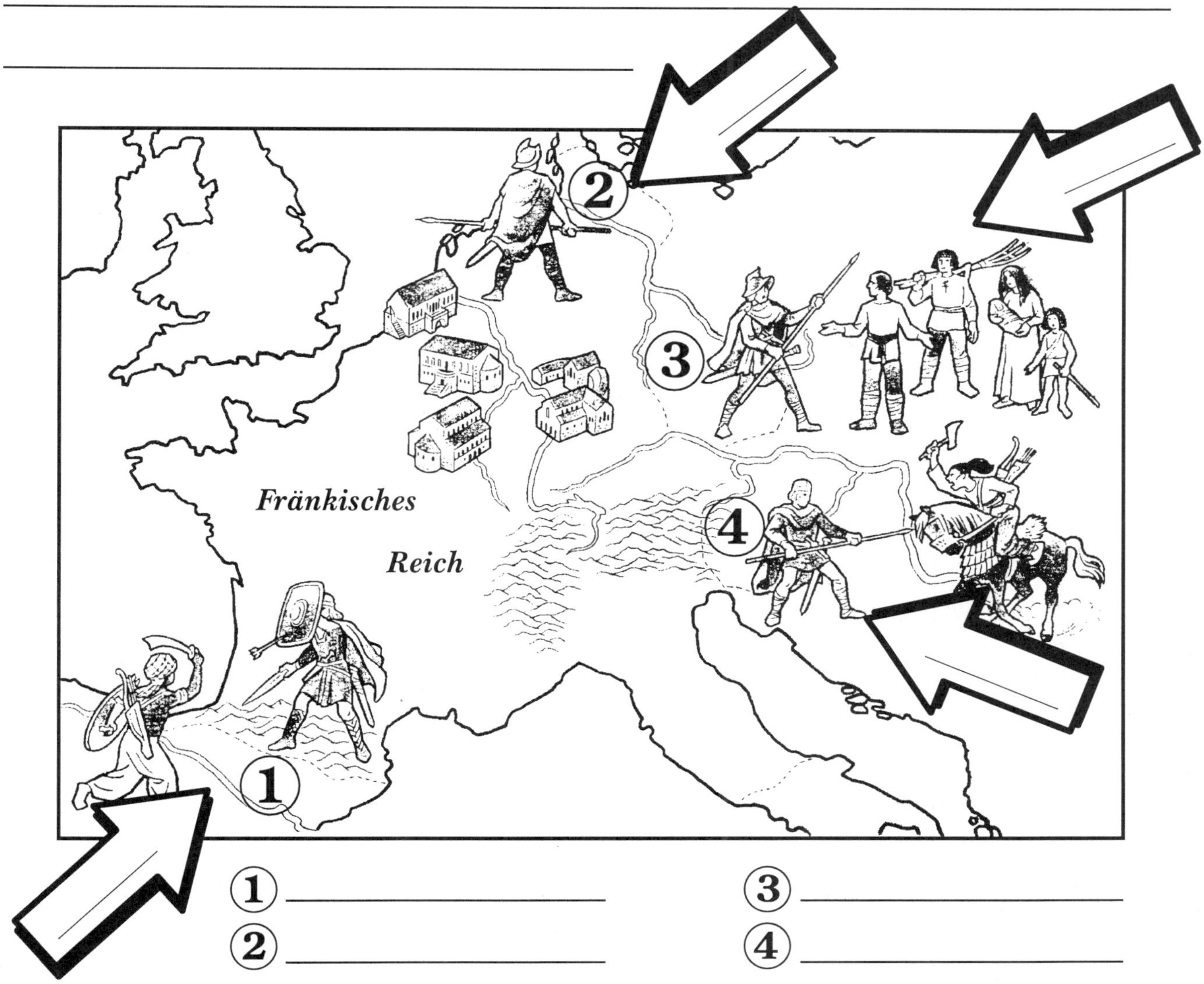

① ______________ ③ ______________

② ______________ ④ ______________

GSE

Die Sicherung der Grenzen

Fast über das ganze Abendland dehnte sich das Frankenreich Karls des Großen aus. Marken schützten seine Grenzen gegen kriegerische Nachbarvölker.

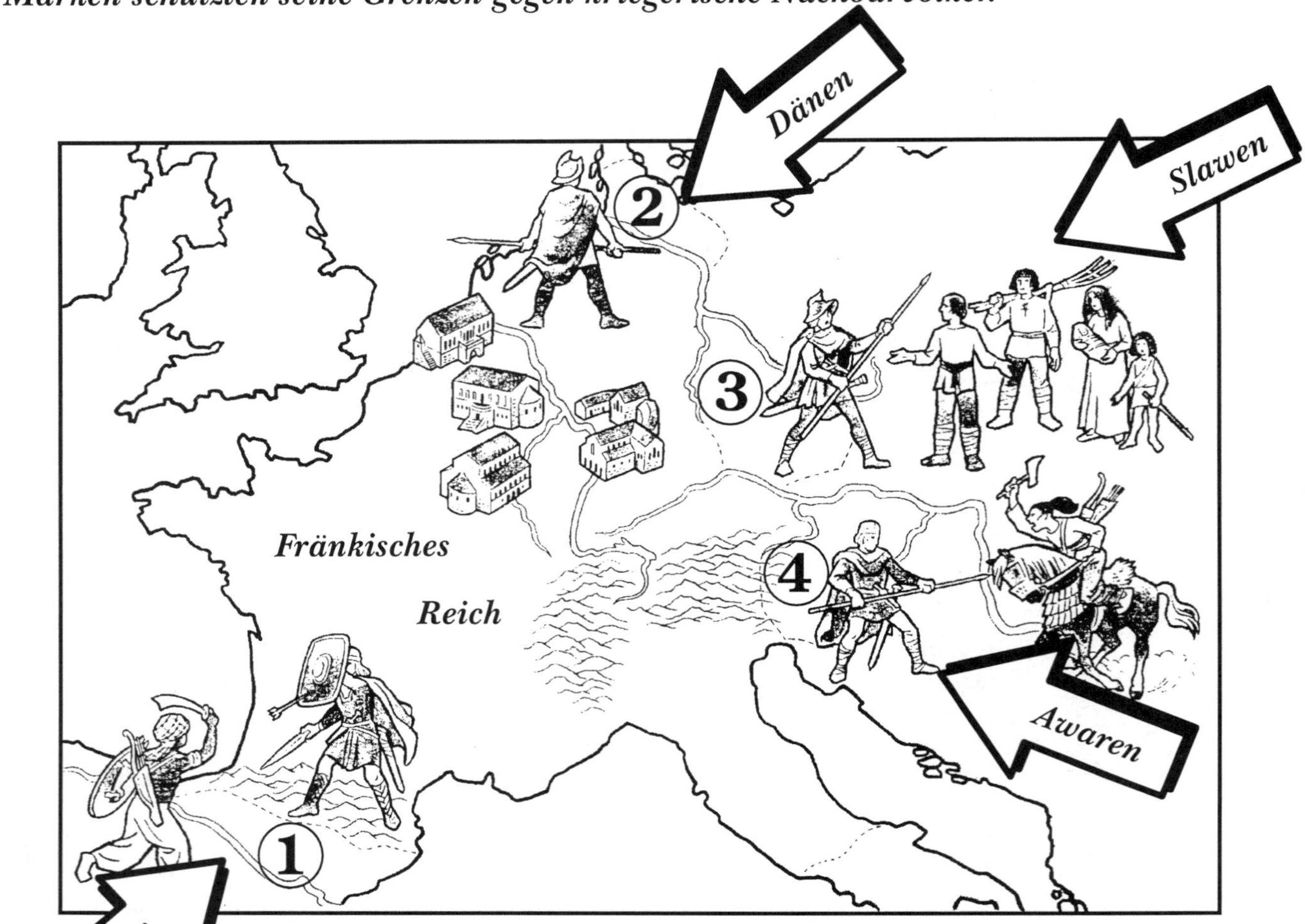

① *Spanische Mark*
② *Dänische Mark*
③ *Sorbische Mark*
④ *Ostmark*

Das im Awarenkrieg eroberte Gebiet zwischen den Flüssen Enns und Raab nahm der Frankenkönig in seine besondere Obhut. Er sandte bayerische Bauern dorthin und gab ihnen Grund und Boden zu eigen. Die Siedler rodeten die Wälder, pflügten das Ödland und bauten Gehöfte und Dörfer. Ihnen folgten Mönche der Bistümer Passau und Salzburg. Sie halfen mit, die Wildnis urbar zu machen, gründeten Klöster und verbreiteten die christliche Lehre im Land. Der Markgraf schützte mit seinen Soldaten und den Bauern die Grenze nach Osten. Aus dieser Ostmark des Frankenlandes entstand später unser Nachbarland Österreich.

GSE

Die Verdienste Karls des Großen

Er teilte das Reich in Grafschaften und Marken. Diese wurden jeweils von einem ihm ergebenen Lehensherrn regiert.

Er vereinigte die deutschen Stämme zu einem einheitlichen, zentral regierten Staat.

Er ließ die mündlich überlieferten Gesetze aufzeichnen. Neben diesen Reichsgesetzen ließ er auch die Volksrechte der Stämme weiter bestehen.

Er förderte Handel und Verkehr in seinem Reich durch den Ausbau und die Sicherung der Straßen und Wasserwege.

Er pflegte die Wissenschaften und Künste, dazu holte er namhafte Gelehrte und Künstler nach Aachen.

Er sicherte die Grenzen seines Reiches durch Marken.

Er förderte das Christentum, gründete Bistümer, Klöster und Kirchenbauten und ordnete an, dass die Predigten in deutscher Sprache gehalten werden sollten.

Er ließ an den Bischofssitzen und in den Klöstern Schulen und Bibliotheken einrichten.

Er förderte die Volksbildung und die deutsche Kultur. Er ließ Texte aus der Heiligen Schrift ins Deutsche übertragen und Heldenlieder aufzeichnen.

Er förderte die Landwirtschaft. Die königlichen Güter wurden musterhaft bebaut. Er organisierte die Einführung der Dreifelderwirtschaft und neuer Obstsorten.

GSE

Die Verdienste Karls des Großen

Wer trug die Hauptlast der Kriege?

Karl der Große erweiterte das Frankenreich in den 46 Jahren seiner Regierung durch zahlreiche Feldzüge. Es reichte schließlich von der Nordsee bis ans Mittelmeer, vom Atlantik bis zur Elbe.
Nach germanischem Recht gehörte das ganze eroberte Land dem König. Karl überließ einen Teil davon seinen treuen Gefolgsmannen als Lehen (Leihgabe auf Lebenszeit). Jeder Lehensmann musste Kriegsdienst leisten und bewaffnete Kriegsknechte ausrüsten. Auch die freien Bauern wurden zum Heeresdienst gerufen.

Um 804 schrieb Karl d. Gr. an den Abt Fulrad von Altaich folgenden Aufruf zum Feldzug:

Wir teilen dir mit, dass wir in diesem Jahr den großen Reichstag nach Ostsachsen zusammengerufen haben, und zwar nach Staßfurt an der Bode. Deshalb befehlen wir dir, am 17. Juni mit allen deinen wohlbewaffneten und ausgerüsteten Leuten an dem genannten Platz dich einzustellen, um von hier aus, wohin dich auch unser Befehl schicken mag, eine militärische Expedition durchzuführen; das heißt, mit Waffen und Gerät und aller anderen kriegerischen Ausrüstung, mit Proviant und Bekleidung.
Jeder Berittene soll Schild, Lanze, Schwert und Hirschfänger haben, dazu Bogen, Köcher mit Pfeilen, und eure Packwagen sollen Vorräte aller Art mitführen, Spitzhacken und Äxte, Bohrer, Beile, Spaten, eiserne Grabscheite und alle anderen Werkzeuge, die man bei einem Feldzug braucht. Die Lebensmittel müssen vom Reichstag an gerechnet drei Monate reichen, Waffen und Bekleidung ein halbes Jahr.

Zum Vergleich: Eine Kuh kostete 1 Schilling, ein Stier 2 Schillinge und ein Hengst 6 Schillinge.

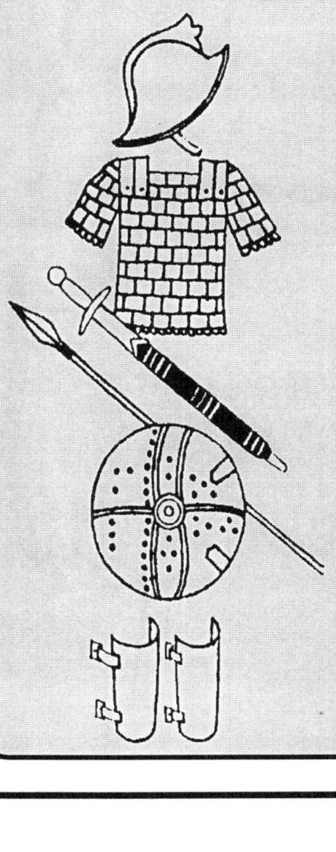

Helm	6 Schillinge
Panzer	12 Schillinge
Schwert	7 Schillinge
Lanze	2 Schillinge
Schild	2 Schillinge
Beinschienen	2 Schillinge

Fast alljährlich ließ Karl die freien Bauern im späten Frühjahr zur Heeresfolge zusammenrufen. Sie hatten die Hauptlast der zahlreichen Kriege zu tragen, denn sie wurden für den Kriegsdienst nicht besoldet und mussten ihre Ausrüstung aus eigenen Mitteln bezahlen. Wer sich mit Schild, Schwert, Reitpferd und Ring- oder Schuppenpanzer als Panzerreiter ausrüsten wollte, musste Erträge aufwenden, die eine Landwirtschaft von ungefähr 150 ha erbrachte. Wer nicht so viel besaß, konnte sich nur als Fußsoldat mit Lanze, Schild, Pfeil und Bogen ausstatten.
Gerade diese ärmeren Wehrpflichtigen waren durch die Kosten und die lange Abwesenheit von ihrem Bauernhof besonders betroffen: Leisteten sie Kriegsdienst, blieb die Arbeit auf ihrem Hof liegen und die Familie musste nicht selten Hunger leiden; folgten sie dem königlichen Aufruf zum Kriegsdienst nicht, drohte ihnen eine Geldbuße. Sie betrug je nach Vermögen bis zu 60 Schillingen.

Krieg gegen die Sachsen

Karl der Große wollte die germanischen Stämme in einem christlichen Reich vereinigen. Am hartnäckigsten wehrte sich der Stamm der Sachsen gegen die Eingliederung in das Fränkische Reich. Er verteidigte seine Freiheit und seine angestammte Religion und suchte sich dem Einfluss des Christentums zu entziehen. So entschloss sich Karl der Große, im Jahre 772 mit einem Heer in das Sachsenland einzudringen. Die Franken stießen zunächst auf wenig Widerstand. Sie konnten die befestigte Eresburg erobern und das Heiligtum der Göttin Irminsul zerstören. Kaum aber war das fränkische Heer abgezogen, erhoben sich die Sachsen unter Widukind. In den folgenden 32 Jahren musste Karl eine Reihe von Kriegszügen führen, um die immer wieder Aufständischen niederzuringen.
Nachdem die Aufstände kein Ende nahmen, ließ Karl bei Verden an der Aller über 4500 gefangene Sachsen hinrichten. Die Sachsen beugten sich schließlich der Übermacht. Sie mussten die Religion der Sieger übernehmen und viele von ihnen wurden in andere Teile des Fränkischen Reiches zwangsumgesiedelt.

Um die Sachsen zum christlichen Glauben zu zwingen, erließ Karl der Große strenge Gesetze. In einer Verordnung aus dem Jahre 785 heißt es:

"1. Wo immer in Sachsen christliche Kirchen gebaut und Gott geweiht werden, sollen diese keine geringere Ehre haben, sondern eine größere und höhere, als die Heiligtümer der Götzen hatten.
2. Wenn einer das heilige vierzigtägige Fasten aus Mißachtung des Christentums nicht hält und Fleisch isst, so sterbe er des Todes.
3. Wenn einer den Leib eines verstorbenen Menschen nach heidnischem Brauch durch das Feuer verzehren lässt und seine Gebeine zu Asche brennt, soll er mit dem Tode bestraft werden.
4. Wer hinfort im Volk der Sachsen ungetauft sich verstecken will und zur Taufe zu kommen unterlässt und Heide bleiben will, der soll des Todes sterben.
5. Wenn jemand einen Menschen dem Teufel opfert und nach heidnischer Sitte den bösen Geistern als Opfer darbringt, der soll des Todes sterben.
6. Ebenso bestimmen wir nach Gottes Gebot, dass alle den Zehnten ihres Vermögens und ihrer Arbeit den Kirchen und Priestern geben.
7. Ferner beschloss man, auch die Satzung aufzunehmen, dass alle Kinder innerhalb eines Jahres getauft werden sollen.
8. Wir befehlen, die heidnischen Priester und Losdeuter den Kirchen und Geistlichen auszuliefern."

① *Aus welchen Gründen führte Karl Krieg gegen die Sachsen?*

② *Diskutiert die Themen 'Glaubensfreiheit' und 'Zwangsumsiedlung'!*

③ *Gibt es auch heute noch Kriege aus Glaubensgründen?*

GSE

Die Bedeutung der Klöster

Wirtschaftliches Zentrum:

Handwerkliches und bäuerliches Zentrum:

Geistiges und kulturelles Zentrum:

Soziales Zentrum:

Religiöses und politisches Zentrum:

GSE

Die Bedeutung der Klöster

Wirtschaftliches Zentrum:

großer Grundbesitz, leibeigene Bauern, Brauereien

Nahrungsüberschuss kann an Arme verteilt werden

Rodung von Wäldern

Obst- und Weinanbau

Handwerkliches und bäuerliches Zentrum:

Acker- und Gartenbau vorbildlich

Mönche als Handwerker, Kunsthandwerker

und Künstler (Buchmalerei, Kirchenmalerei, Bildhauerei, Kunstschmiede ...)

Geistiges und kulturelles Zentrum:

Mönche und Nonnen können lesen und schreiben.

In den Klosterschulen lernen die Kinder lesen, schreiben und Latein.

Es gibt umfangreiche Büchereien.

Soziales Zentrum:

Pflege der Kranken und Alten

Hilfe für die Armen durch Verpflegung

'Altersheim' für Wohlhabende

Religiöses und politisches Zentrum:

Seelsorge für die umliegende Bevölkerung

Missionierung in anderen Ländern

Ausbildung adeliger Söhne

Einfluss auf die Fürsten

Kloster - Schrift - Sprache

(1)

(2)

(3)

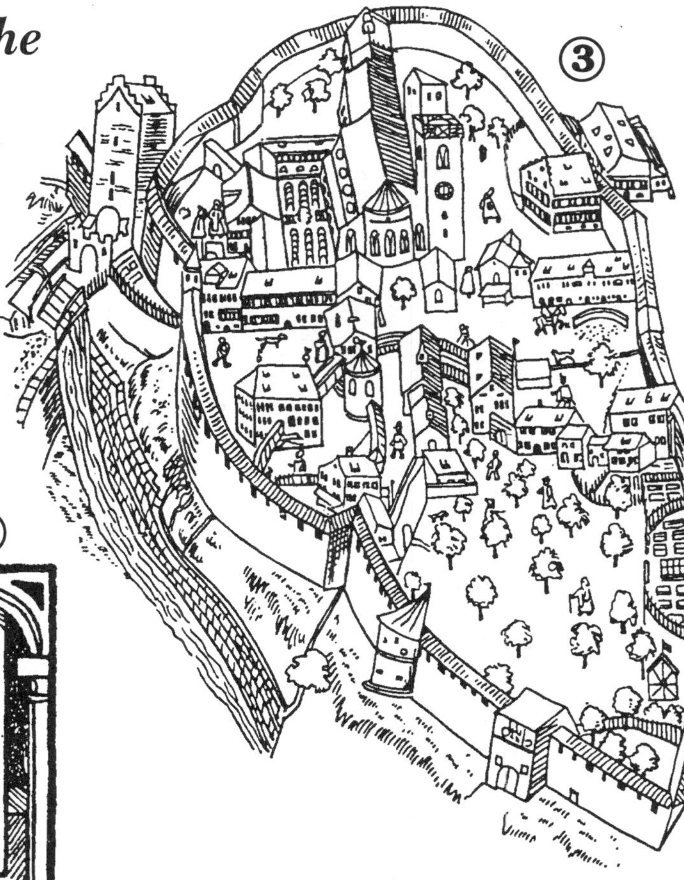

(4)

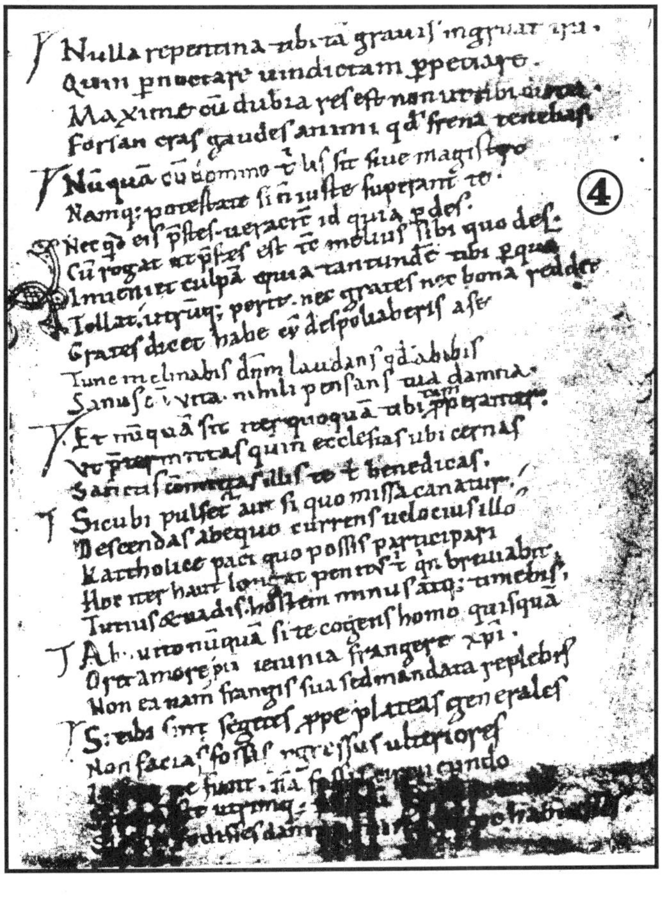

(5)

Dat gafregin ih mit firahim firiwizzo meista,
dat ero ni was noh ûfhimil,
noh paum [nohheinîg?] noh pereg ni was,
ni [sterro?] nohheinîg noh sunna ni scein,
noh mâno ni liuhta noh der mâreo sêo.
Dô dâr niwiht ni was enteo ni wenteo,
enti dô was der eino almahtîco cot,
manno miltisto, enti dâr wârun auh manake
mit inan
côtlîhhe geistâ. enti cot heilac . . .
Cot almahtîco, dû himil enti erda gaworahtôs, enti dû mannun sô manac coot forgâpi, forgip mir in dîno ganâdâ rehta galaupa enti cotan willeon, wîstôm enti spâhida enti craft, tiuflun za widarstantane enti arc za piwîsanne enti dînan willeon za gawurchanne.

(1) *Mönch mit Schreibrohr und Federmesser, Holzschnitt von 1519*

(2) *Inneres einer Klosterschule, Holzschnitt 15. Jh.*

(3) *Älteste Ansicht des Klosters St. Gallen, Holzschnitt von 1596*

(4) *Der "Ruodlieb", lateinischer Versroman, um 1015 im Kloster Tegernsee*

(5) *Handschrift aus dem Kloster Wessobrunn, 8. Jh., in heutige Schrift übertragen*

Im Reiche Karls des Großen

Vor zur nächsten Fragekarte

zurück zur letzten Fragekarte

nochmals würfeln

ein Mal aussetzen

Nur wenn du die Frage richtig beantworten kannst, darfst du weiter; sonst musst du ein Mal aussetzen!

Das Dorf im hohen / späten Mittelalter

- ❍ Bäuerliches Wirtschaften
- ❍ Herrschaft und Abhängigkeiten
- ❍ Dörfliche Lebensgemeinschaft
- ❍ Stellung der Kirche

❶ **Das Dorf - eine selbständige Gemeinschaft** Informationsentnahme aus Text / Aufgaben zum Text		AB (S. 42)
❷ **Das Dorf im Mittelalter** Darstellung der Lebenssituation in einem Dorf Klären des Begriffes 'Dreifelderwirtschaft'		AB (S. 43)
❸ **Nicht alle Bauern waren gleich!** Die Kriegspflicht wurde zur schweren Last Gründe zur Aufgabe der Freiheit Freibauer / Zinsbauer / Fronbauer / Leibeigener		AB (S. 44)
❹ **Bauern in der Grundherrschaft** Die Situation der Bauern in der Grundherrschaft Rechte des Grundherrn		AB (S. 45)
❺ **Die Bauern wurden hörig** Begriffsklärungen: Frondienst, Scharwerk, Zehnt usw. Einschätzung der Situation und Vergleich zu heute		AB (S. 46)
❻ **Herrschaft und Abhängigkeiten** **Die Grundherrschaft** Schematische Übersicht erarbeiten Gründe für die Landübereignung zusammenstellen		AB (S. 47) Lösung S. 48
❼ **Das Leben der Bauern im Mittelalter** Zusammenfassendes AB zu: Lebensituation, Selbstversorgung in der Dorfgemeinschaft, Dreifelderwirtschaft		AB (S. 49) Lösung S. 50
❽ **Die Kirche im Mittelalter** Stellung / Allgegenwart der Kirche für die Menschen Hierarchischer Aufbau der Kirche		Infoblatt (S. 51)
❾ **Die Ordnung des dörflichen Zusammenlebens** Selbstverwaltung der Dörfer in Organisations- und Rechtsfragen Besprechen der 'Weistümer' Diskussion zur 'Kleiderordnung von 1150' Vergleiche anstellen zu heute		AB (S. 52)
❿ **In einem mittelalterlichen Dorf** Spielplan - Fragekarten werden von den Schülern selbst erstellt		Spielplan (S. 53)
⓫ **Im mittelalterlichen Dorf** Zeitgenössische Abbildungen		Infoblatt S. 54

GSE

Das Dorf - eine selbständige Gemeinschaft

Schwer war die Bauernarbeit auf den gerodeten Böden. Seit dem Mittelalter pflügten die Bauern mit dem tiefer greifenden Räderpflug, aber die Feldbestellung vollzog man noch nach recht primitiven Methoden. Oft herrschte einfache Feldgras- und Brandwirtschaft. Während ein Teil mit Sommersaat bestellt wurde, war ein weiterer der Wintersaat vorbehalten; das letzte Drittel blieb als Brache liegen und diente als Weide neben der Allmende, dem Weideland, das der Gemeinde gehörte, und auf der Pferde, Rinder und Schafe weideten, während die Schweine zur Eichelmast in den Wald getrieben wurden; auch sonst diente ihnen der Wald als Weide und das Borstenvieh liebte besonders morastige Stellen. Rings um das Dorf lag die Feldflur, die Äcker in Streifenform verstreut, und jeder Markgenosse, jeder Bauer hatte seinen Anteil daran. Einige große Felder trugen Weizen oder Roggen und Gerste. Das Pflügen, Säen und Ernten wurde oft zu festgesetzten Zeiten und vielfach gemeinsam vollzogen, wenn man nicht über genügend Zugtiere und Ackergeräte verfügte. Nachbarschaftliche Hilfe war üblich. In jedem Bauernhaushalt wurde möglichst alles selbst erzeugt, was gebraucht wurde. Wäsche und Kleidung wurde selbst gesponnen, gewebt, genäht. Oft gab es einen gemeinsamen Backofen für das Dorf. Auch sonst wurde vielfach selbst das meiste im Dorfe erzeugt, wessen man bedurfte, so dass man nicht auf die Außenwelt angewiesen war. Jedes Dorf hatte seine Schmiede und Mühle und besaß seinen eigenen Fischteich. Die Gänse weideten auf dem Dorfanger. Man half sich gegenseitig beim Hausbau, beim Erstellen einer neuen Tenne oder Scheune, beim Bau eines Fasses, eines Wagens usw., auch beim Ausbessern der Gerätschaften; ein handwerklich Geschickter, der solche Sonderarbeiten erledigen konnte, fand sich überall. So schuf man auch die Möbel, Spinnräder, Webstühle usw. selbst, - der Gemeindewald lieferte ja Holz, auch als Brennmaterial. Die meisten kleineren Reparaturen konnte jeder Bauer selbst recht und schlecht vornehmen; sonst half ein Dorfgenosse aus. Das hat sich im Allgemeinen bis in die Zeit um 1800 so in Deutschland erhalten. Nur Rohstoffe, die man wie Salz und Eisen nicht im Dorfe selbst gewinnen konnte, wurden aus anderen Teilen des Landes herangeholt.

① *Vergleiche das Leben der Bauern im Mittelalter mit dem der Bauern heute!*

② *Erkläre, warum das mittelalterliche Dorf eine selbständige Gemeinschaft war!*

③ *Würdest du gerne in einem mittelalterlichen Dorf gelebt haben?*

④ *Beschreibe das Leben der Bauern im Mittelalter!*

GSE

Das Dorf im Mittelalter

Bis zum 13. Jahrhundert dauerten die Rodungen in unserer Heimat. Wildnis und Ödland wurden langsam zurückgedrängt. Es entstanden Felder, Wiesen, und Gärten. Die Einzelhöfe wuchsen allmählich zu unregelmäßigen Haufendörfern heran. In der Mitte der Siedelung stand die niedrige, vom Friedhof umschlossene Kirche. Davor grünte der Anger. Unter seiner breitästigen Linde wurden Feste, Beratung und Gericht abgehalten.
Die Häuser waren häufig in Fachwerk gebaut, zwischen die Balken Feldsteine geschichtet und mit Mörtel verbunden. Stroh oder Schilf deckte die Dächer. Zäune, aus Weidenruten gewunden, begrenzten die Gärten. Hecken und Dorngebüsch umsäumten schützend die Siedelung.
Der Schmied galt als wichtigster Handwerker des Dorfes. Er beschlug die Pferde, fertigte Pflüge und Wagen, Sicheln und Sensen. Am Bach drehte sich das Rad der Gemeindemühle.
Um das Dorf breitete sich die Gemarkung aus. Sie war in drei große Teile, die "Gewanne", aufgeteilt. Das erste Gewann wurde schon im Herbst, das zweite erst im Frühjahr bestellt; das dritte blieb als Brachland ungenützt liegen. Im kommenden Jahr wechselte der Anbau.
Der "Flurzwang" forderte, dass alle Äcker eines Gewannes gleichzeitig gepflügt, besät oder abgeerntet wurden. Diese Feldbestellung, bei der sich Winterfrucht, Sommerfrucht und Brache ablösten, hieß "Dreifelderwirtschaft". Sie blieb bis ins 19. Jahrhundert gebräuchlich.
Rinder und Schafe wurden auf die Dorfweide oder das Brachfeld getrieben. Die Schweine fanden im Wald Nahrung an Eicheln, Bucheckern, Wurzeln und Pilzen. Das Weideland, die "Allmende" genannt, war Eigentum aller Bewohner des Dorfes.
Den Besitz des Bauern nannte man im Mittelalter die "Hube". Sie umfasste neben Haus und Garten das von der Familie bestellbare Ackerland und einen Anteil an der Weide.

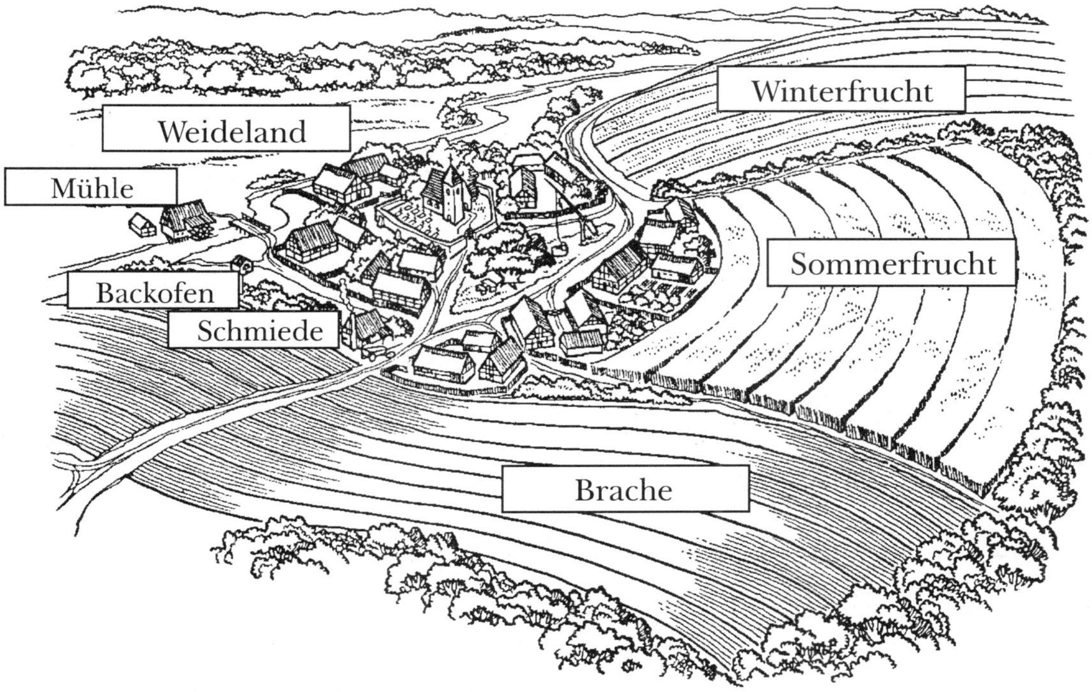

① *Der Besitzer einer Hube wurde Huber genannt. Sucht Familiennamen mit 'Huber'!*
② *Vergleicht Bilder von schwäbischen, fränkischen und bayerischen Gehöften!*
③ *Welche Arbeitsgeräte besaß der Bauer im Mittelalter? Welche kannte er noch nicht?*
④ *Warum wird die 'Dreifelderwirtschaft' heute nicht mehr angewandt?*

GSE

Nicht alle Bauern waren gleich!

Nach germanischem Brauch waren einst alle freien Bauern dem Heerbann gefolgt, ihr Land gegen Feinde zu schützen. In den Jahrhunderten der fränkischen und sächsischen Kaiser begleiteten sie - mit Schwert und Schild, Eisenkappe und Panzerhemd gerüstet - den Landesherrn auf Kriegsfahrt. Die Kämpfe an den Grenzen des Reiches und die zahlreichen Züge nach Italien riefen die Bauern immer häufiger zum Waffendienst. Kehrten sie nach vielen Monaten in die Heimat zurück, so waren die Ernten verdorben, Äcker und Weiden von Unkraut überwuchert, Häuser und Scheunen verfallen.
Die Bauern empfanden die Kriegspflicht des freien Mannes als schwere Last. Sie übertrugen deshalb dieses Recht einem Ritter oder Klosterabt und gaben sich und ihren Besitz in seine Obhut. Er folgte nun an ihrer Stelle mit Knappen und Knechten dem Rufe des Königs. Die Bauern erkannten ihn als Herrn an und nahmen von ihm Haus und Feld, die bisher ihr Eigentum waren, zum Lehen.
Seit den Tagen des Frankenreiches verringerte sich die Zahl der "Freibauern". Als "Zinsbauern" (Pächter) unterstanden sie Rittern, Bischöfen oder Klöstern. Sie entrichteten den "Großen Zehent" vom Getreide, den "Krautzehent" von Gemüse und Obst und den "Blutzehent" von Vieh und Geflügel. In stärkerer Abhängigkeit lebten die "Fronbauern" (Hörige). Sie hatten zu den Abgaben noch das "Scharwerk" zu leisten und besorgten auf dem Herrengut Aussaat und Ernte, Holzschlag und Hausbau. Knechte, die kein Ackerlehen besaßen, hießen "Leibeigene".

Freibauer | *Zinsbauer* | *Fronbauer* | *Leibeigener*

① *Welche Rechte und welche Pflichten besaß ein germanischer Freibauer?*
② *Welche Gründe bewogen viele Bauern, ihre Freiheit aufzugeben?*
③ *Welche Pflichten hättest du als Zinsbauer zu erfüllen?*
④ *Vergleiche die Steuern von heute mit dem Zehent von damals!*
⑤ *Welche Arbeiten müsstest du als Fronbauer verrichten?*

GSE

Bauern in der Grundherrschaft

Wenn der Kaiser oder der Herzog einem seiner Dienstmannen ein Lehen übertrug, so gehörten zu diesem Lehen Land und Leute, die Dörfer mit den Gebäuden und Grundstücken, auch die Bauern mit ihren Dienstboten samt Vieh und Vorräten. Die meisten Bauern waren persönlich frei, hatten aber kein Eigentum an dem von ihnen bebauten Hof. Eigentümer blieben der König, der Landesherr oder kirchliche und adelige Grundbesitzer. Der Grundherr ließ seine Güter teilweise durch unfreie Bauern, die Leibeigenen, bebauen, zum größten Teil vergab er jedoch sein Land an "freie" Bauern. Oft hatten diese ihren Hof nur zu Leibrecht; dann fiel nach dem Tode des Bauern der Hof wieder an den Grundherrn zurück und dieser konnte ihn einem anderen Bauern zur Bewirtschaftung überlassen. Im besten Fall hatte der Bauer das Erbrecht; dann war ihm durch eine Urkunde verbrieft, dass er und seine Nachkommen für immer auf dem Hof bleiben durften. Der Grundherr konnte das ganze Dorf oder auch einzelne Höfe verkaufen oder an ein Kloster verschenken. So hatten häufig nicht alle Bauern eines Dorfes den gleichen Grundherrn. Der Grundherr war Gerichtsherr für die Bauern; auch dieses Recht konnte der Grundherr weitergeben.

① *Diese beiden Holzschnitte aus dem Mittelalter zeigen den Frondienst der Bauern unter Aufsicht*
② *ihrer Grundherrn.*
③ *Wie unterscheiden sich Grundherr und Bauer?*
④ *Woher bekamen die Grundherrn ihr Lehen?*
⑤ *Erkundigt euch bei einem Bauern, was eine 'Pacht' ist!*

GSE

Die Bauern wurden hörig

Der Kriegsdienst wurde für die freien Bauern zunehmend zu einer drückenden Last. Um dieser Pflicht zu entgehen, übergaben immer mehr Bauern ihren Hof mit allem, was dazu gehörte, einem Grafen, Bischof oder Abt, der in der Nähe begütert war und bekamen ihn als Lehen wieder zurück. Das ist etwa so, wie wenn in unserer Zeit ein Bauer seinen Hof verkauft und ihn auf Pacht zurückbekommt. Doch kam früher eines dazu: Der Bauer wurde zugleich hörig, d.h. er musste in Zukunft auf seinen Herrn hören und konnte nicht mehr frei wirtschaften. Er war Grundhold oder Hintersasse geworden, so genannt, weil er von der Huld und Gnade seines Herrn abhängig war und jetzt gleichsam hinter seinem Herrn saß und ihm untertänig sein musste.

So wurden viele Freibauern Zins- oder Zehntbauern. Sie hießen so, weil sie jetzt für ihren Hof einen Pachtzins zahlen mussten. Diese Pacht betrug den 10. Teil (= Zehnt) des Ertrages aus dem Hof. Der Zehent wurde nicht in Geld bezahlt, sondern mit dem, was der Bauer eben hatte. Man unterschied verschiedene Arten von Zehent: den großen oder Getreidezehent, der in Garben gegeben wurde, den kleinen Zehent von Gemüse und Obst und dann noch den Blut- oder Tierzehent vom Vieh und von den tierischen Erzeugnissen (z. B. Eier, Butter, Honig, Wachs, Schafwolle).

Der Bauer musste aber nicht nur zinsen, d. h. den Pachtzins oder Zehent geben; er musste dazu auch noch fronen, d. h. für seinen Herrn arbeiten (fro = Herr; Frondienst bedeutet ebenso Herrendienst wie Fronleichnam Leichnam des Herrn). Die Frondienste waren unbezahlte Arbeitsleistungen für den Grundherrn; sie waren ein Teil des Pachtzinses. Es gab Spann- und Handdienste, je nachdem ob Gespanne oder Arbeitskräfte zur Verfügung gestellt wurden. Die einen stellten die Gespanne und machten die Fuhren, die anderen werkten durch ihrer Hände Arbeit auf den Feldern des Grundherrn oder in seinem Hof und Stall, in Haus und Küche. Für die Frauen gab es besonders viele solcher Arbeiten, wenn der Grundherr hohen Besuch oder ein großes Fest hatte. In Scharen zogen die hörigen Bauern mit ihren Frauen, Kindern und Dienstboten zum Fronen auf den Herren- oder Fronhof; deshalb nannte man diese Arbeiten auch Scharwerk und die Arbeiter Scharwerker.

Das Los der hörigen Bauern war anfangs (9. bis 11. Jahrhundert) keineswegs hart oder gar unerträglich. Der Pachtzins war verhältnismäßig niedrig. (Eure Eltern wären froh, wenn sie nur 10% Steuern und Abgaben zu leisten hätten.) Auch die Frondienste hielten sich damals durchaus in den Grenzen des Erträglichen; der hörige Bauer brauchte nur eine gewisse Zahl von Tagen zu scharwerken - die Frondienste waren damals noch genau festgelegt. Das wurde später alles ganz anders. Besonders günstig war es für die Grundholden, dass der Grundherr für seine Hintersassen zu Schutz und Hilfe verpflichtet war. Verlor der Bauer durch eine Seuche sein Vieh, so bekam er es vom Grundherrn ganz oder teilweise ersetzt; hatte er infolge einer Missernte kein Saatgut, so wurde er vom Fronhof beliefert; brannte ihm der Hof ab, so half der Herr beim Wiederaufbau.

① *Heute müssen junge Männer zur Bundeswehr. Vergleiche dazu die Situation der Männer im Mittelalter!*

② *Erkundige dich bei deinen Eltern, welche Steuern sie bezahlen müssen und wie hoch diese jeweils sind. Vergleiche mit den Abgaben der Menschen im Mittelalter!*

③ *Was müssen die Menschen heute unternehmen, um Schutz und Hilfe zu bekommen?*

Herrschaft und Abhängigkeiten
Die Grundherrschaft

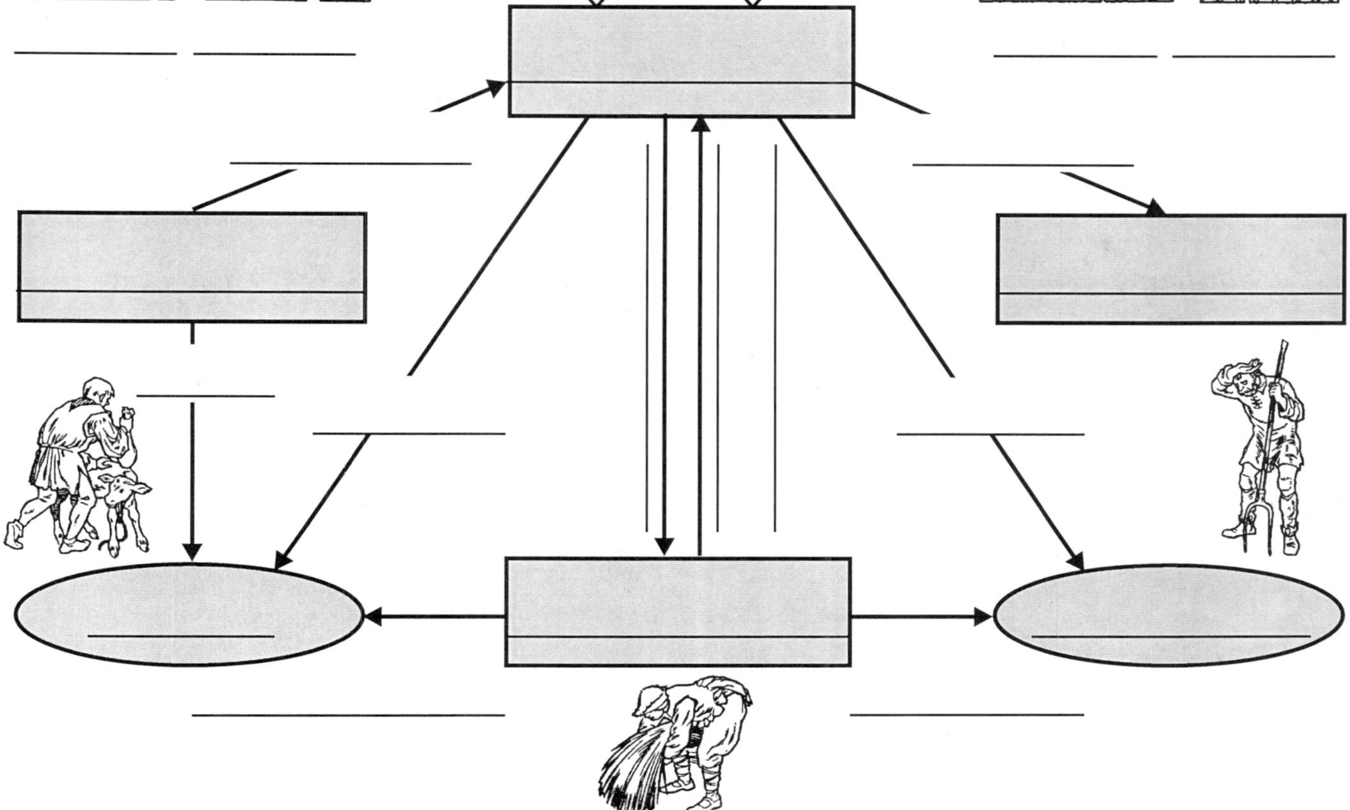

Wer unterlag nicht dieser Abhängigkeit?

Warum die Bauern ihr Land einem Grundherrn übereigneten:

GSE

Herrschaft und Abhängigkeiten
Die Grundherrschaft

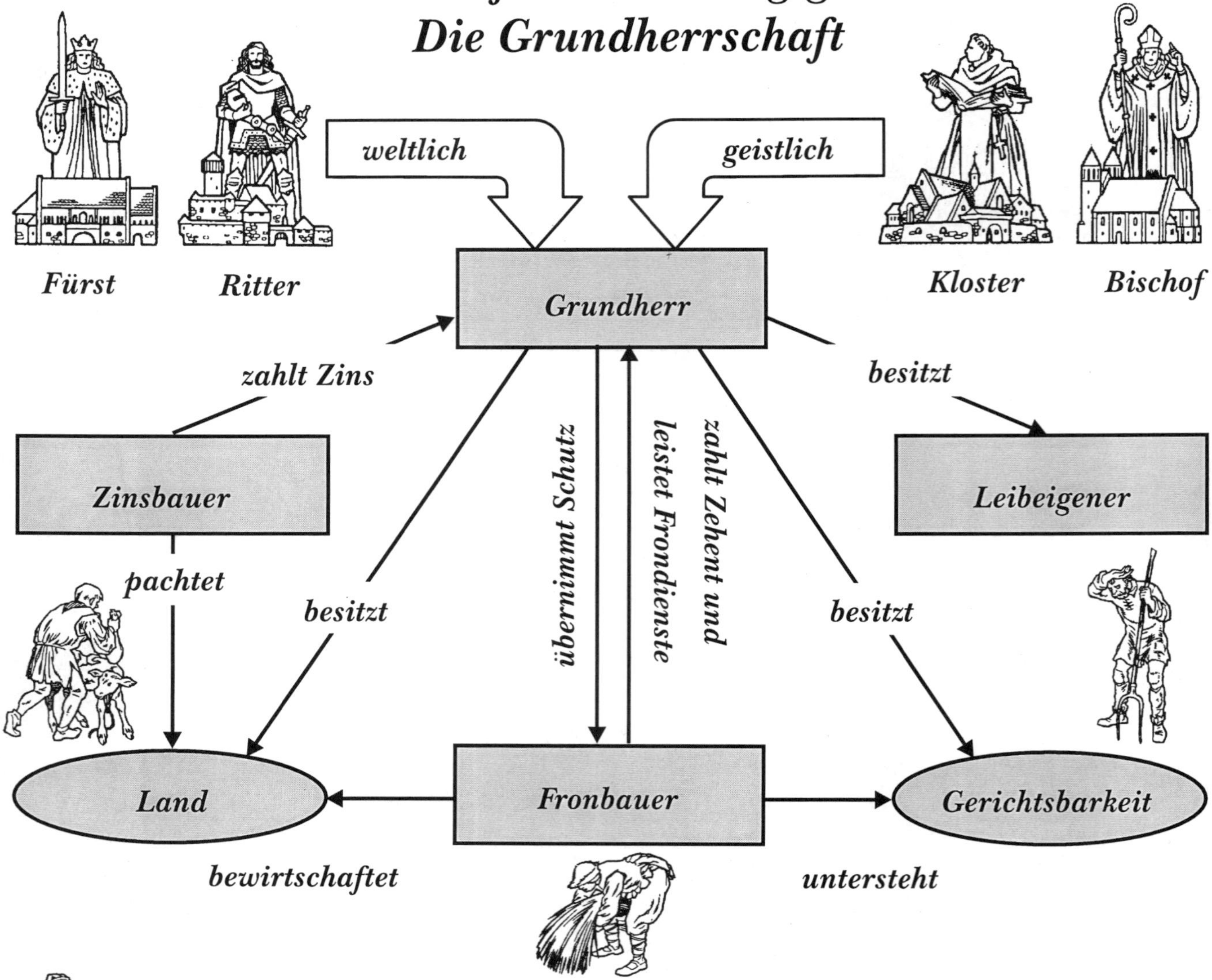

Wer unterlag nicht dieser Abhängigkeit?

Freie Bauern, Tagelöhner, Bettler, fahrendes Volk

Warum die Bauern ihr Land einem Grundherrn übereigneten:

- *Um nicht in den Krieg ziehen zu müssen*
- *Weil die Schulden zu hoch wurden*
- *Weil die Höfe durch die Erbteilung zu klein wurden*
- *Weil sie durch List oder Gewalt dazu gezwungen wurden*
- *Aus Frömmigkeit*

GSE

Das Leben der Bauern im Mittelalter

Wohnung:	Kleidung:	Nahrung:

Die Dorfgemeinschaft regelte viele Dinge selbst:

Dreifelderwirtschaft

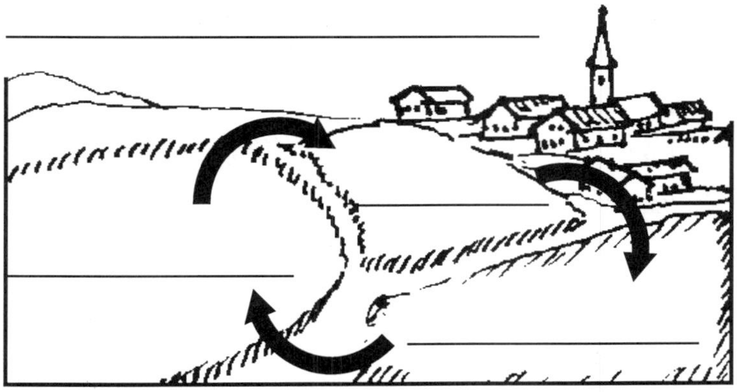

Allmende

GSE

Das Leben der Bauern im Mittelalter

Wohnung:	Kleidung:	Nahrung:
Mit Stroh gedeckte Hütten, Fußboden aus Lehm	*leinerner Rock, Stiefel, Kappe*	*Brot, Haferbrei, Gemüse*

Die Bauern versorgten sich weitgehend selbst.

Die Dorfgemeinschaft regelte viele Dinge selbst:

- *Grenzsteinkontrolle*
- *Anlegen der Zäune*
- *Anlegen der Wege*
- *Flurbestellung*
- *Rechtsprechung*
- *Hilfe bei Bränden*
- *Flurverteilung*
- *Bestellen der Dorfhirten*

Dreifelderwirtschaft

gemeinsamer Anbau und Ernte derselben Feldfrucht

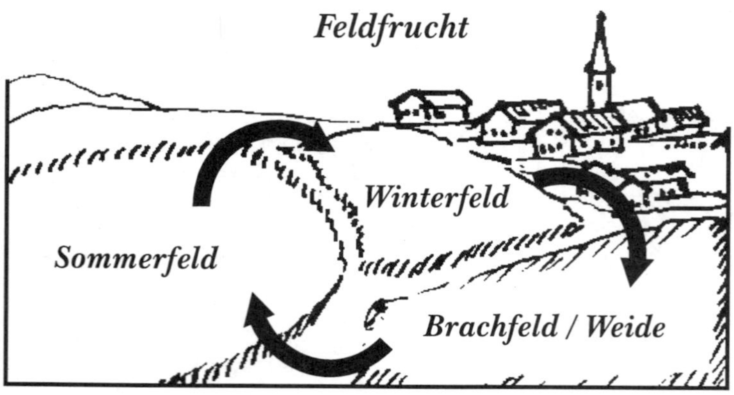

Allmende

Wiese, Wald und Gewässer werden gemeinsam genutzt.

Die Kirche im Mittelalter

Die große Kirche oder der mächtige Dom beherrschten nicht nur das Erscheinungsbild der Dörfer und Städte; die Kirche als Einrichtung hatte auch eine umfassende Bedeutung für das Leben der Bewohner. Weder im Dorf noch in der Stadt gab es im Mittelalter ein Standesamt. Der Geistliche war im Dorf gewöhnlich der Einzige, der lesen und schreiben konnte. Wenn also ein Kind geboren wurde, dann wurde es selbstverständlich in die Kirche gebracht und getauft, damit war es zugleich in die Religionsgemeinschaft und in die Dorfgesellschaft aufgenommen; das Taufbuch war gleichzeitig das Einwohnerverzeichnis.

Meist erhielt das Kind bei der Taufe den Namen des jeweiligen Tagesheiligen. Dieser Name war viel wichtiger als unsere heutigen Vornamen, denn Zunamen kannte man im Mittelalter kaum. Von nun an betrachteten die Eltern den frisch getauften Hans oder Johannes als unter dem besonderen Schutz des Apostels Johannes stehend. Auch der nächste Lebenseinschnitt, der Eheschluss, war wieder ein rein kirchlicher Vorgang ohne Standesbeamten. Die Trauung wurde von dem Geistlichen in der Kirche vor der Gemeinde als Zeugen vollzogen. Am deutlichsten aber wurde die beherrschende Funktion der Kirche beim Tod eines Menschen. Da gab es nicht nur die Totenmesse in der Kirche, sondern der Tote wurde auch in direkter Nähe der Kirche - gewissermaßen unter göttlichem Schutz - auf dem Kirchhof oder, wenn er vornehm war, sogar in der Kirche selbst in der Nähe des Altars beerdigt.

Die Kirche war aber nicht nur bei besonderen Anlässen gegenwärtig, sondern auch den ganzen Alltag hindurch, bei der Arbeit und Ruhezeit, in der Öffentlichkeit wie in der Familie. Sie setzte die Feiertage fest und überwachte ihre Einhaltung. In der Kirche versammelte sich die Gemeinde regelmäßig und vollzählig zum Gottesdienst. Wer dem Sonntagsgottesdienst unerlaubt fernblieb, wurde hart bestraft. Die Kirche war für Betende immer geöffnet, sie bot sogar Flüchtlingen Schutz vor dem Arm des Gesetzes. Das Läuten der Glocke gliederte die Tageszeit und rief zum Abendgebet. Es wurde geläutet, wenn es brannte oder wenn Kriegsgefahr drohte. Oben auf dem Kirchtum stand weithin sichtbar das Kreuz, um bei Tag und Nacht die Dämonen von den Häusern fern zu halten.

Im mittelalterlichen Abendland war es selbstverständlich, dass jeder Mensch Christ war. Andersgläubige wie Juden oder Moslems wurden bekämpft oder aus der Gesellschaft ausgeschlossen. Den Juden in der Stadt wurden eigene Wohnviertel zugewiesen.

Innerhalb der Christenheit unterschied man scharf zwischen den Geistlichen, die allein die Weihen des Priesteramts empfangen hatten und die Sakramente der Kirche verwalten durften und den Laien, der Masse des einfachen Volkes, das sich den Vorschriften der Kirche ohne Mitspracherecht unterwerfen musste. Auch die Geistlichen waren nicht alle gleichgestellt, die Kirche war von oben nach unten streng gegliedert: An der Spitze stand der Papst in Rom, es folgten die Kardinäle, dann die Erzbischöfe, Bischöfe und Äbte und schließlich in mehreren Stufen die Priester und die Mönche in den Klöstern.

GSE

Die Ordnung des dörflichen Zusammenlebens

Im Dorf gab es ständig viele Dinge zu regeln und zu ordnen, z. B. den Wegebau, die Verteilung der Flur, kleine Streitereien usw. Die Bauern wählten dazu aus ihren Reihen den Vorstand des Dorfes, der aus dem Dorfmeier und dem Bauermeister bestand. Dieser Vorstand kümmerte sich auch um die Sicherheit. In öffentlichen Versammlungen trafen die Bauern des Dorfes wichtige Entscheidungen.
In öffentlicher Versammlung wurde durch Mehrheitsbeschluss und nach Überlieferung Recht gesprochen. Die Gerichtstage fanden im Freien statt. Schöffen aus den Reihen der Bauern wirkten bei der Urteilsfindung mit.

Weistümer

"Wenn einer dem anderen über seinen Grund, so ein Saatfeld ist, Vieh treiben muss, soll er das Vieh da durch an Stricken und Banden treiben, ohne der Saat zu schaden. . ..
Wer zuerst in die Mühle kommt, mahlt zuerst.
Wer beim Brande nicht zum Retten mit herzuläuft und doch höret das Klingen oder Anschlagen der Glocken oder Geschrei des Volkes und lässt das aus Neid oder wegen Feindschaft, der ist bußfällig.
Wer die Almende abgräbt, abackert oder abzäunt, büßt dem Bauermeister drei Schillinge."

Regelmäßig durchgeführt wurde im Dorf der Grenzgang. Man kontrollierte die Grenzsteine oder setzte neue. Wer einen Grenzstein versetzte, wurde streng bestraft. Eine weitere gemeinsame Aufgabe war das Hüten des Viehs. Es gab eigene Hirten für Rinder, Schafe und Gänse. Die Hirten mussten die Tiere von den Feldern fern halten, sie schützen und zusammenhalten.

Eine bäuerliche Kleiderordnung um 1150:

"Dem Bauern ist nach dem Recht nur Schwarz oder Grau zu tragen erlaubt. Gere [keilförmige Verzierungen des Gewandes] darf er nur an der Seite tragen; rindlederne Schuhe sind genug; für das Hemd sieben Ellen und für die Kniehose Tuch aus Rupfen. An den Sonntagen soll er zur Kirche gehen. Doch darf er nur einen Stecken in der Hand tragen. Kommt er mit einem Schwert, soll man ihn gebunden an den Kirchenzaun führen, ihm den Hut wegnehmen und das Haar abschneiden. Wenn er angegriffen wird, darf er sich nur mit einem Krückstock verteidigen ... "

① *Welche Aufgaben hat eine Gemeindeverwaltung heute?*
② *Wer trifft heute die Entscheidungen in einem Dorf?*
③ *Kennst du noch andere 'Weistümer'?*
④ *Was hältst du von einer Kleiderordnung?*
⑤ *Ist das Waffentragen heute erlaubt?*

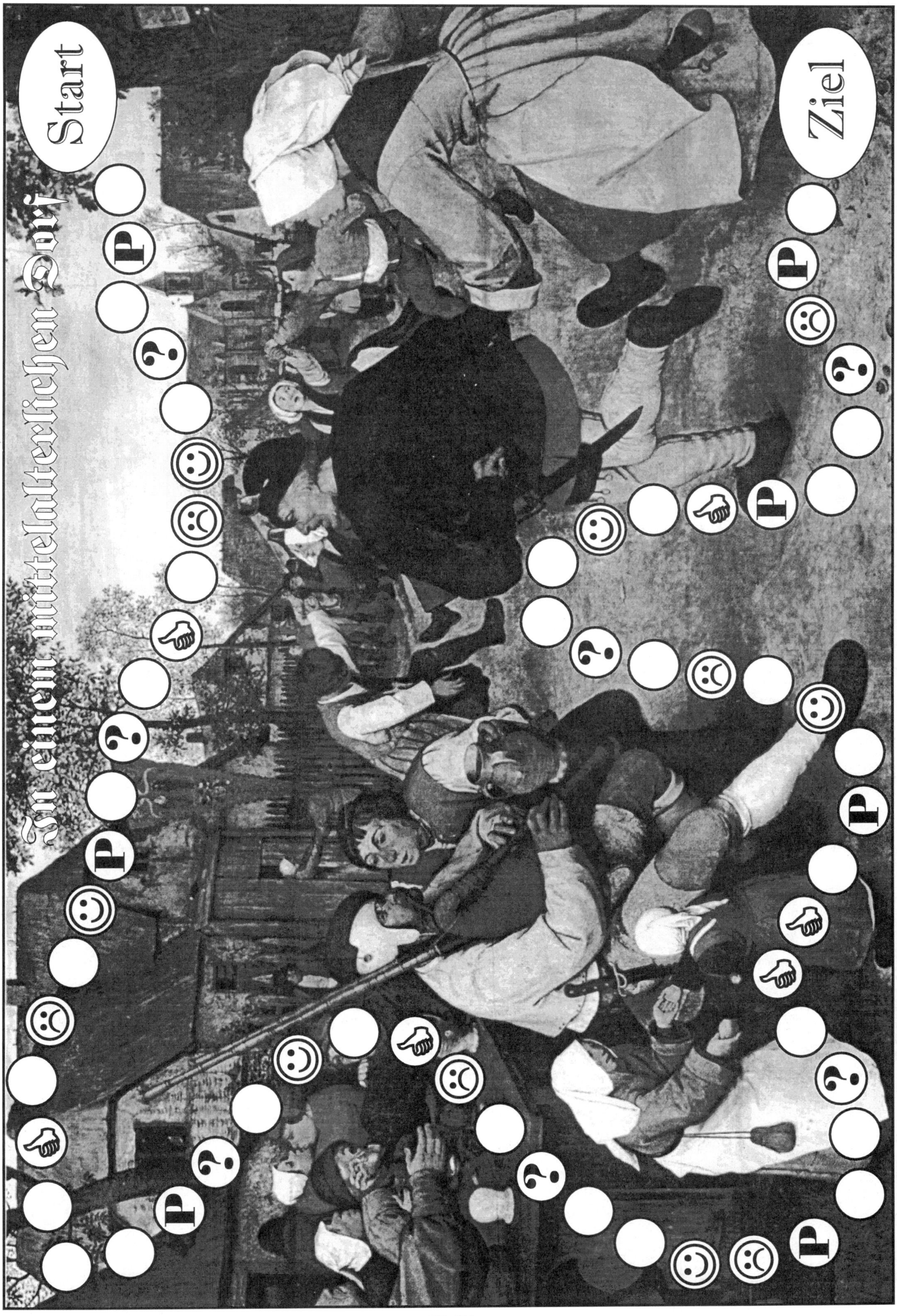
In einem mittelalterlichen Dorf
Start
Ziel

GSE

Im mittelalterlichen Dorf

Die Stadt im hohen / späten Mittelalter, I. Teil

- ❍ Stadtherrschaft und Selbstverwaltung
- ❍ Markt und Handel
- ❍ gesellschaftliche Ordnung
- ❍ Kirche und soziale Fürsorge

❶ **Die mittelalterliche Stadt** Beschreibung einer mittelalterlichen Stadt: Lage, Örtlichkeiten, Markt, Strafvollzug usw. Was ist davon noch im räumlichen Umfeld erhalten?	AB (S. 56)
❷ **Die mittelalterliche Stadt** Wo entstanden Städte? Wie sah eine Stadt im Mittelalter aus? (Wichtigste Gebäude)	AB (S. 57) Lösung S. 58
❸ **Die Stadt - eine selbständige Gemeinschaft** Die Verbindung nach 'außen' (Land / andere Städte) Welchen Einfluss haben die einzelnen 'Stände'? Marktordnung Wer ist rechtlos? Die Verbindung zum 'Landesherrn'	AB (S. 59) Lösung S. 60
❹ **Stadtluft macht frei!** Gründungsurkunde besprechen. Rechtssituation innerhalb / außerhalb der Stadt erarbeiten und vergleichen Größe und Anzahl der Städte um 1 500	AB (S. 61) Lösung S. 62
❺ **Handwerker in einer mittelalterlichen Stadt** Anteil der Handwerker an der Stadtbevölkerung Zünfte: Wohnbereiche; was regeln die Zünfte? Ausbildung zum Handwerksmeister	AB (S. 63) Lösung S. 64
❻ **Der Handel im Mittelalter** Womit muss die Stadtbevölkerung versorgt werden? Hindernisse und Gefahren für Kaufleute Die Kaufleute schließen sich zusammen	AB (S. 65) Lösung S. 66
❼ **Die gesellschaftliche Ordnung in der mittelalterlichen Stadt** Infoblätter zu den einzelnen 'Ständen' Darstellung in einer Übersicht	Info S. 67 / 68 AB (S. 69) Lösung S. 70
❽ **In einer mittelalterlichen Stadt** Spielplan - Fragekarten werden von den Schülern selbst erstellt	Spielplan S. 71
❾ **Handwerker in der mittelalterlichen Stadt** Die Handwerker als Träger der mittelalterlichen Warenproduktion Verschiedene Zunftwappen Bevölkerung der Reichsstadt Eßlingen nach Berufen	Infoblatt (S. 72)

Die mittelalterliche Stadt

Auf einer Anhöhe, die Schutz vor Überschwemmung bot, lag die Stadt. Etwa eine halbe Wegstunde nach allen Seiten reichte ihre Flur, hinaus bis zur »Landwehr" mit Graben, Wall und Dorngebüsch.
Eine hohe Mauer umschloss die Stadt. Sie war aus Ziegeln oder Steinblöcken aufgerichtet und von Schießscharten durchbrochen. An der Innenseite trug sie den "Wehrgang". Hier standen die Bürger mit Armbrust, Streitkolben und Spieß, wenn ein Feind ihre Heimat bedrohte. Starke Türme sicherten die Eingangstore. Stadtknechte waren zur Wache bestellt. Sie prüften die Ladung der Bauernkarren und Frachtwagen und forderten von den Fuhrleuten den Zoll. Fremde, die Einlass begehrten, wurden nach Herkunft und Gewerbe befragt.
Hinter dem schützenden Mauerring standen eng aneinander gedrängt die Bürgerhäuser. Ihre schmalen, mit Erkern geschmückten Giebelseiten zeigten zur Straße. Schnitzwerk oder bunte Malerei verzierte die Balken des Fachwerkes. Die Dächer waren mit Stroh oder Holzschindeln gedeckt. Die engen, winkeligen Gassen lagen ungepflastert. Hühner und Gänse tummelten sich darauf, Schweine wühlten im Unrat. Bei Regenwetter schlüpften die Bürger in Holzschuhe und stiegen auf Trittsteinen über Pfützen und Schlamm.
Inmitten der Stadt breitete sich der Marktplatz aus. Allwöchentlich einmal zog das Landvolk herbei, um hier Korn und Kraut, Butter und Käse, Honig und Wachs feilzubieten. Die Handwerker der Stadt legten auf Tischen und Bänken ihre Erzeugnisse aus: die Schmiede Sicheln und Sensen, die Töpfer irdene Krüge und Schüsseln, die Zinngießer Teller, Becher und Kannen. Kaufleute brachten farbiges Tuch und seltene Gewürze zum Markt. Stadtknechte sorgten für rechtes Maß und Gewicht.
Am Marktplatz erhob sich das stattliche Rathaus. Hier lenkten Bürgermeister und Ratsherren die Schicksale der Stadt. Sie wachten über das tägliche Leben ihrer Mitbürger, gaben Gesetze und hielten Gericht. Strenge Strafen wurden über Missetäter verhängt: der Tod an Galgen und Rad, das Abhauen der Hand, das Brennen durch beide Backen oder das Stehen am Pranger.
Über die Dächer ragten der Dom oder das Münster empor. Viele Jahrzehnte hatten die Bürger für den stolzen Bau gespart. Geschmiedete Gitter und geschnitztes Gestühl, bunte Glasfenster und farbenprächtige Flügelaltäre schmückten sein Inneres.
Beim Abendläuten wurden die schweren, eisenbeschlagenen Stadttore geschlossen. Durch die leeren, dunklen Gassen schritt die Nachtwache. Der Türmer sah auf die schlafende Stadt, um sie bei Feuersnot mit seinem Hornruf zu wecken.

① Erkläre: *Landwehr, Wehrgang, Stadtgraben, Stadtwall, Stadtmauer, Stadttor.*

② Sind in deiner Heimatstadt noch Reste der Stadtbefestigung erhalten?

③ Erinnern Straßennamen deiner Heimatstadt an die Befestigung vergangener Zeit?

④ Wie sah deine Heimatstadt im Mittelalter aus? Suche nach Bildern aus dieser Zeit!

⑤ Werden in deiner Heimatstadt noch Märkte abgehalten?

⑥ Erkläre die Namen für Plätze und Straßen: *Rindermarkt (München), Eiermarkt, Fischmarkt, Kitzenmarkt, Wollmarkt (Augsburg), Kornmarkt, Obstmarkt, Weinmarkt (Nürnberg), Hühnermarkt, Rossmarkt (Frankfurt).*

⑦ Erkläre die Redensarten, die an das Leben in der mittelalterlichen Stadt erinnern:
noch vor Torschluss ankommen,
jemandem heimleuchten,
jemanden an den Pranger stellen, anprangern

GSE

Die mittelalterliche Stadt

① *Wo entstanden Städte?*

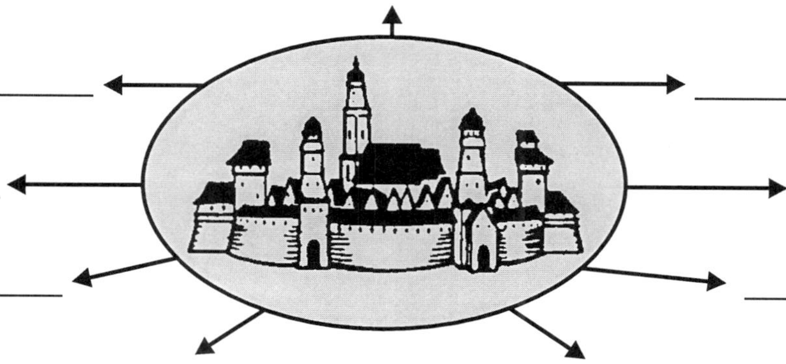

② *Wie sah eine Stadt im Mittelalter aus?*

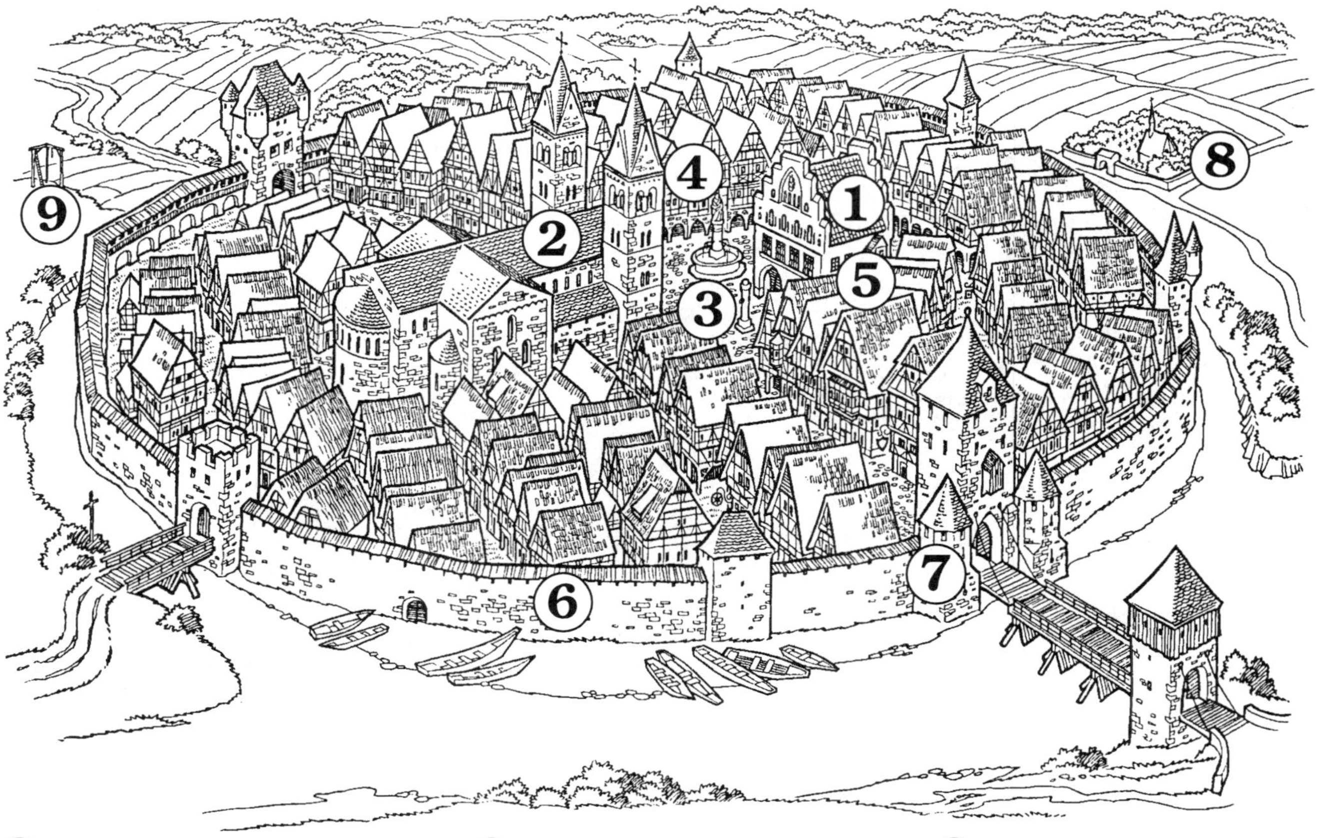

① ______________ ④ ______________ ⑦ ______________

② ______________ ⑤ ______________ ⑧ ______________

③ ______________ ⑥ ______________ ⑨ ______________

GSE

Die mittelalterliche Stadt

① Wo entstanden Städte?

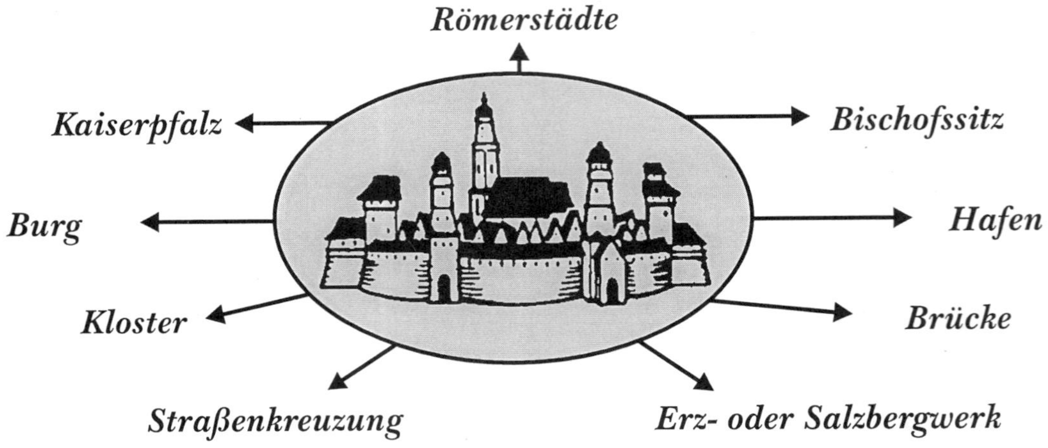

② Wie sah eine Stadt im Mittelalter aus?

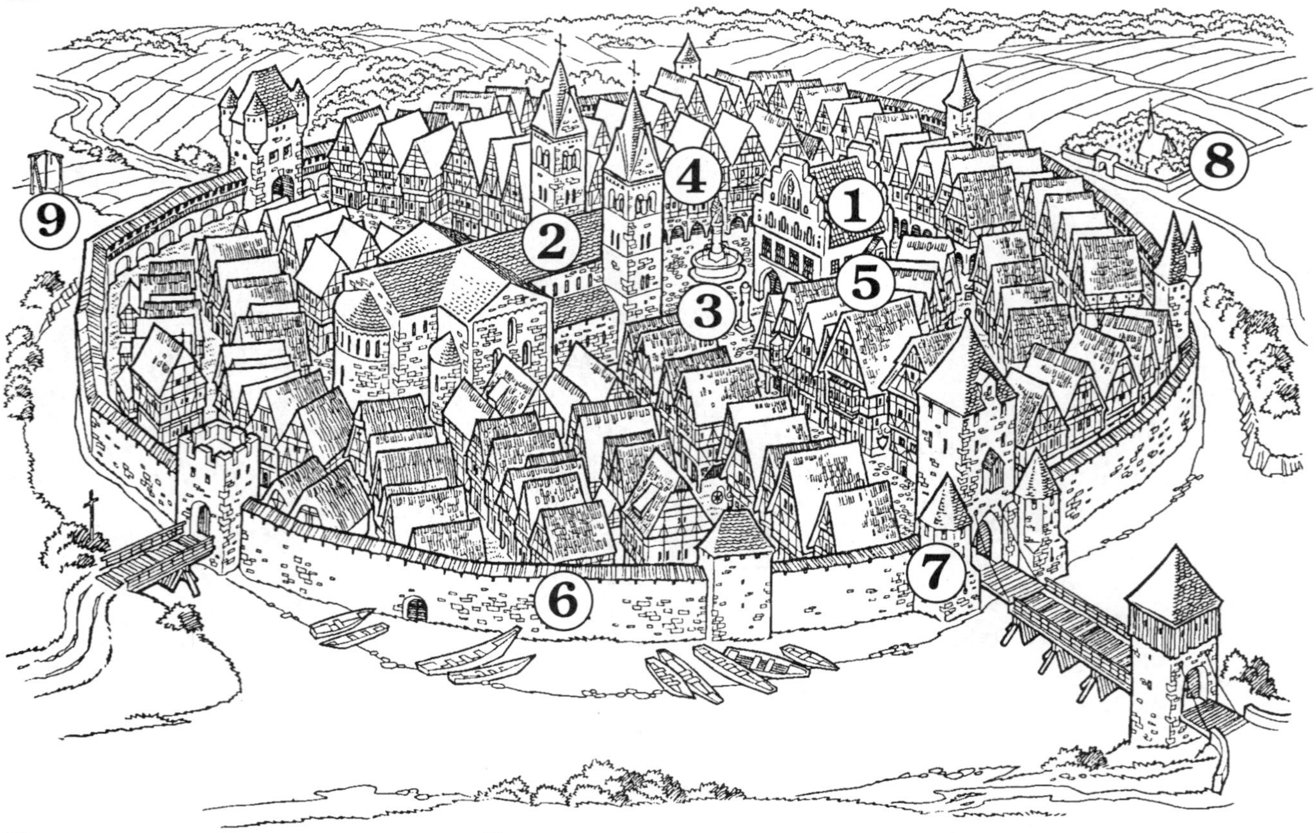

① Rathaus	④ Brunnen	⑦ Stadttor
② Dom / Münster	⑤ Zeughaus	⑧ Friedhof
③ Marktplatz	⑥ Stadtmauer	⑨ Galgenberg

GSE

Die Stadt - eine selbständige Gemeinschaft

Rechtlos sind:

Markt

Zünfte

GSE

Die Stadt - eine selbständige Gemeinschaft

Land - Bauern

Rohstoffe

Lebensmittel

andere Städte

Fertigwaren

Rechtlos sind:

Gesellen

Lehrlinge

Knechte

Handlanger

Gaukler

Bettler

Zöllner

Türmer

Mägde

Stadtknechte

Henker

Kaufleute / Patrizier

Markt

Festlegung der Marktordnung

Maße und Gewichte

Geldwechsel

Herbergswesen

Händler

Handwerker

Gastwirte

Zünfte

leben immer in der Stadt und wählen

Bürgermeister und Stadtrat

sorgen für:

- ☞ *Sicherheit und Ordnung*
- ☞ *Steuern und Abgaben*
- ☞ *Löhne und Preise*
- ☞ *Feste und Feiern*
- ☞ *Kleiderordnung*
- ☞ *Strafvollzug*

gewährt Rechte und Freiheiten

bezahlen Steuern und Abgaben

Kaiser, König, Fürst, Fürstbischof

GSE

Stadtluft macht frei!

Um 800 gab es in Deutschland rund 40 städtische Siedlungen mit kaum mehr als 1 000 Einwohnern.

"Es sei den lebenden und zukünftigen Geschlechtern bekannt, dass ich, Konrad, auf meinem eigenen Besitz Freiburg einen Markt errichtet habe im Jahre des Herrn 1120. Nachdem ich Kaufleute der Umgebung zusammengerufen habe, habe ich beschlossen, diesen Markt zu begründen und einzurichten. Jedem Kaufmann habe ich ein Grundstück zum Bau eines eigenen Hauses gegeben und bestimmt, dass von jedem dieser Hausgrundstücke jährlich am St. Martins-Tag mir und meinen Nachfolgern ein Schilling Zins gezahlt werden soll. Jedes Hausgrundstück soll eine Länge von etwa 100 Fuß und eine Breite von 50 Fuß haben. Es sei bekannt, was ich nach den Wünschen und Bitten der Kaufleute festgelegt habe.

1. Ich verspreche allen jenen, die zu meinem Markt kommen, Frieden und Schutz. Wenn einer in diesem Bereich beraubt worden ist und er nennt den Räuber, soll er den Schaden ersetzt bekommen.
2. Wenn einer meiner Bürger stirbt, soll seine Frau mit seinen Kindern alles besitzen ohne jeden Einspruch, was er hinterlassen hat.
3. Allen Kaufleuten der Stadt erlasse ich den Zoll.
4. Meinen Bürgern will ich keinen anderen Vogt und Priester geben außer den, welchen sie selbst gewählt haben.
5. Wenn ein Streit unter den Bürgern entsteht, soll nicht von mir oder meinen Richter darüber entschieden werden, sondern nach Gewohntheit und Recht aller Kaufleute.
6. Jeder, der in diese Stadt kommt, darf sich frei hier niederlassen, wenn er nicht der Leibeigene irgendeines Herrn ist und diesen auch anerkennt als seinen Herrn. Der Herr kann aber seinen Leibeigenen in der Stadt wohnen lassen oder ihn aus der Stadt wegholen lassen, wie er will. Wenn aber ein Leibeigener seinen Herrn verleugnet, kann der Herr mit sieben Zeugen beweisen, dass der Leibeigene ihm gehört. Dann soll der Leibeigene ihm gehorchen. Wer aber über Jahr und Tag in der Stadt gewohnt hat, ohne dass irgendein Herr ihn als Leibeigenen gefordert hat, der genießt von da an sicher die Freiheit."

Gründungsurkunde von Herzog Konrad von Zähringen

____

Ein Leibeigener oder Höriger
- O besitzt weder Haus noch Grundstück, sie gehören dem Grundherrn
- O liefert einen Großteil dessen, was er erarbeitet, ab bzw. arbeitet nur für seinen Herrn
- O darf das Eigentum seines Herrn nicht verlassen
- O gehört als Leibeigener ganz seinem Herrn, der ihn verkaufen und verschenken kann
- O darf ohne Erlaubnis seines Herrn nicht heiraten. Seine Kinder sind ebenfalls Leibeigene oder Hörige des Herrn
- O wenn er stirbt, fällt das Erbe an seinen Herrn.

____

____

☞ ______________________________

☞ ______________________________

____

☞ ______________________________

☞ ______________________________

____

☞ ______________________________

☞ ______________________________

☞ ______________________________

Um 1 500 gab es in Deutschland 2 450 Zwergstädte mit 500 bis 1 000 Einwohnern; 30 Städte mit mehr als 2 000 Einwohnern und 8 Städte mit 20- bis 25 000 Einwohnern.

GSE

Stadtluft macht frei!

Um 800 gab es in Deutschland rund 40 städtische Siedlungen mit kaum mehr als 1 000 Einwohnern.

"Es sei den lebenden und zukünftigen Geschlechtern bekannt, dass ich, Konrad, auf meinem eigenen Besitz Freiburg einen Markt errichtet habe im Jahre des Herrn 1120. Nachdem ich Kaufleute der Umgebung zusammengerufen habe, habe ich beschlossen, diesen Markt zu begründen und einzurichten. Jedem Kaufmann habe ich ein Grundstück zum Bau eines eigenen Hauses gegeben und bestimmt, dass von jedem dieser Hausgrundstücke jährlich am St. Martins-Tag mir und meinen Nachfolgern ein Schilling Zins gezahlt werden soll. Jedes Hausgrundstück soll eine Länge von etwa 100 Fuß und eine Breite von 50 Fuß haben. Es sei bekannt, was ich nach den Wünschen und Bitten der Kaufleute festgelegt habe.

1. Ich verspreche allen jenen, die zu meinem Markt kommen, Frieden und Schutz. Wenn einer in diesem Bereich beraubt worden ist und er nennt den Räuber, soll er den Schaden ersetzt bekommen.
2. Wenn einer meiner Bürger stirbt, soll seine Frau mit seinen Kindern alles besitzen ohne jeden Einspruch, was er hinterlassen hat.
3. Allen Kaufleuten der Stadt erlasse ich den Zoll.
4. Meinen Bürgern will ich keinen anderen Vogt und Priester geben außer den, welchen sie selbst gewählt haben.
5. Wenn ein Streit unter den Bürgern entsteht, soll nicht von mir oder meinen Richter darüber entschieden werden, sondern nach Gewohntheit und Recht aller Kaufleute.
6. Jeder, der in diese Stadt kommt, darf sich frei hier niederlassen, wenn er nicht der Leibeigene irgendeines Herrn ist und diesen auch anerkennt als seinen Herrn. Der Herr kann aber seinen Leibeigenen in der Stadt wohnen lassen oder ihn aus der Stadt wegholen lassen, wie er will. Wenn aber ein Leibeigener seinen Herrn verleugnet, kann der Herr mit sieben Zeugen beweisen, dass der Leibeigene ihm gehört. Dann soll der Leibeigene ihm gehorchen. Wer aber über Jahr und Tag in der Stadt gewohnt hat, ohne dass irgendein Herr ihn als Leibeigenen gefordert hat, der genießt von da an sicher die Freiheit."

Gründungsurkunde von Herzog Konrad von Zähringen

Außerhalb der Stadt galt:

Ein Leibeigener oder Höriger

- ❍ besitzt weder Haus noch Grundstück, sie gehören dem Grundherrn
- ❍ liefert einen Großteil dessen, was er erarbeitet, ab bzw. arbeitet nur für seinen Herrn
- ❍ darf das Eigentum seines Herrn nicht verlassen
- ❍ gehört als Leibeigener ganz seinem Herrn, der ihn verkaufen und verschenken kann
- ❍ darf ohne Erlaubnis seines Herrn nicht heiraten. Seine Kinder sind ebenfalls Leibeigene oder Hörige des Herrn
- ❍ wenn er stirbt, fällt das Erbe an seinen Herrn.

Innerhalb der Stadt galt:

Ein Bürger

- ☞ ***kann frei leben***
- ☞ ***ist Eigentümer seines Hauses und Grundes***
- ☞ ***gehört niemandem***
- ☞ ***kann über sein Eigentum frei verfügen***
- ☞ ***Frau und Kinder sind erbberechtigt***
- ☞ ***braucht keine Ehegenehmigung***
- ☞ ***muss Steuern zahlen***

Um 1 500 gab es in Deutschland 2 450 Zwergstädte mit 500 bis 1 000 Einwohnern; 30 Städte mit mehr als 2 000 Einwohnern und 8 Städte mit 20- bis 25 000 Einwohnern.

GSE

Handwerker in einer mittelalterlichen Stadt

Die Handwerker stellten einen großen Anteil der Stadtbevölkerung. Sie arbeiteten zumeist allein oder mit einem Gesellen oder Lehrling in ihren Werkstätten. Werkstatt und Wohnung waren unter einem Dach.
Die Meister eines Berufes schlossen sich in Zünften zusammen. Die Handwerker einer Zunft wohnten häufig in der gleichen Straße. Sie feierten ihre Feste gemeinsam; die Zünfte regelten vor allem berufliche Angelegenheiten: die Ausbildung der Lehrlinge und die Tätigkeit der Gesellen, die Herstellung und den Vertrieb der Waren, den Verdienst und die Versorgung in der Not. So sorgten sie dafür, dass die Meister einer Stadt ihr Auskommen fanden. Aber sie engten den einzelnen Meister auch sehr ein, denn sie erlaubten ihm nicht, mit den anderen Meistern seiner Zunft in Wettbewerb zu treten. Als die Zünfte stark geworden waren, wollten auch sie in der Stadtregierung mitwirken. In vielen Städten kam es zu Aufständen. Zumeist erreichten es die Zünfte, dass ihre Vertreter in den Rat der Stadt aufgenommen wurden.

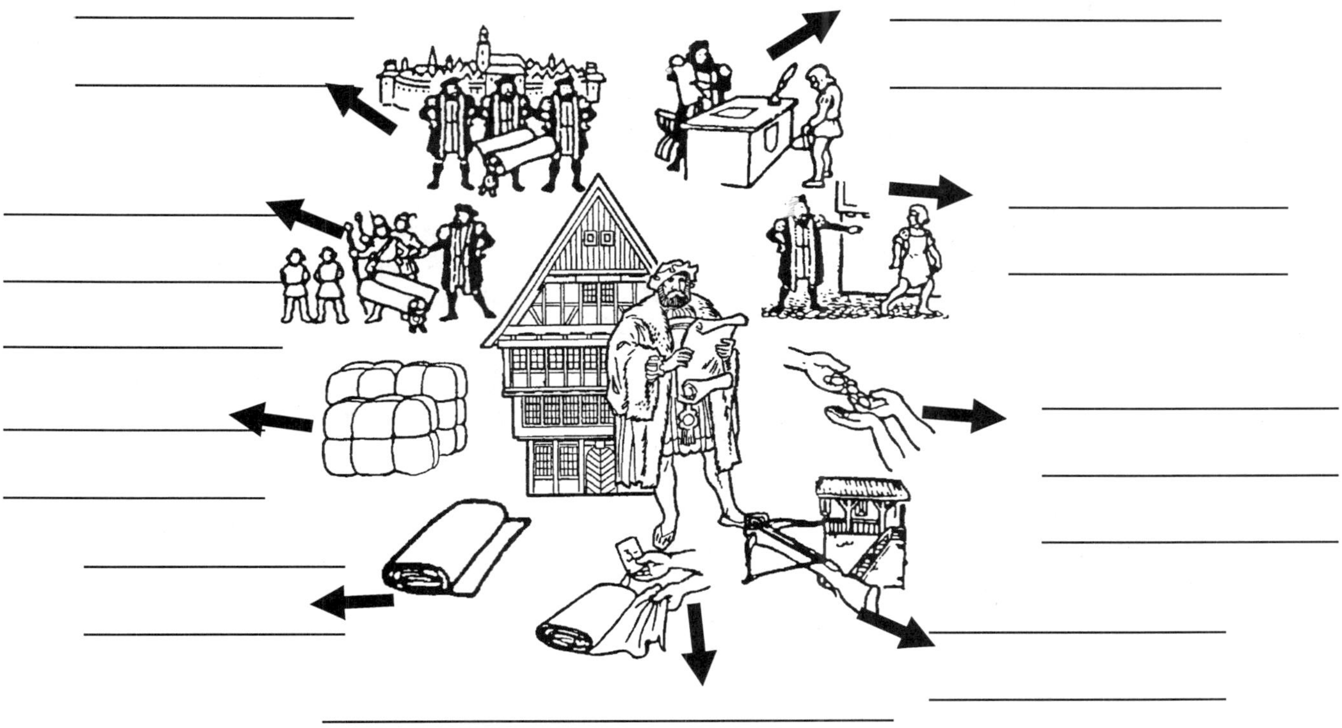

GSE ....

Handwerker in einer mittelalterlichen Stadt

Die Handwerker stellten einen großen Anteil der Stadtbevölkerung. Sie arbeiteten zumeist allein oder mit einem Gesellen oder Lehrling in ihren Werkstätten. Werkstatt und Wohnung waren unter einem Dach.

Die Meister eines Berufes schlossen sich in Zünften zusammen. Die Handwerker einer Zunft wohnten häufig in der gleichen Straße. Sie feierten ihre Feste gemeinsam; die Zünfte regelten vor allem berufliche Angelegenheiten: die Ausbildung der Lehrlinge und die Tätigkeit der Gesellen, die Herstellung und den Vertrieb der Waren, den Verdienst und die Versorgung in der Not. So sorgten sie dafür, dass die Meister einer Stadt ihr Auskommen fanden. Aber sie engten den einzelnen Meister auch sehr ein, denn sie erlaubten ihm nicht, mit den anderen Meistern seiner Zunft in Wettbewerb zu treten. Als die Zünfte stark geworden waren, wollten auch sie in der Stadtregierung mitwirken. In vielen Städten kam es zu Aufständen. Zumeist erreichten es die Zünfte, dass ihre Vertreter in den Rat der Stadt aufgenommen wurden.

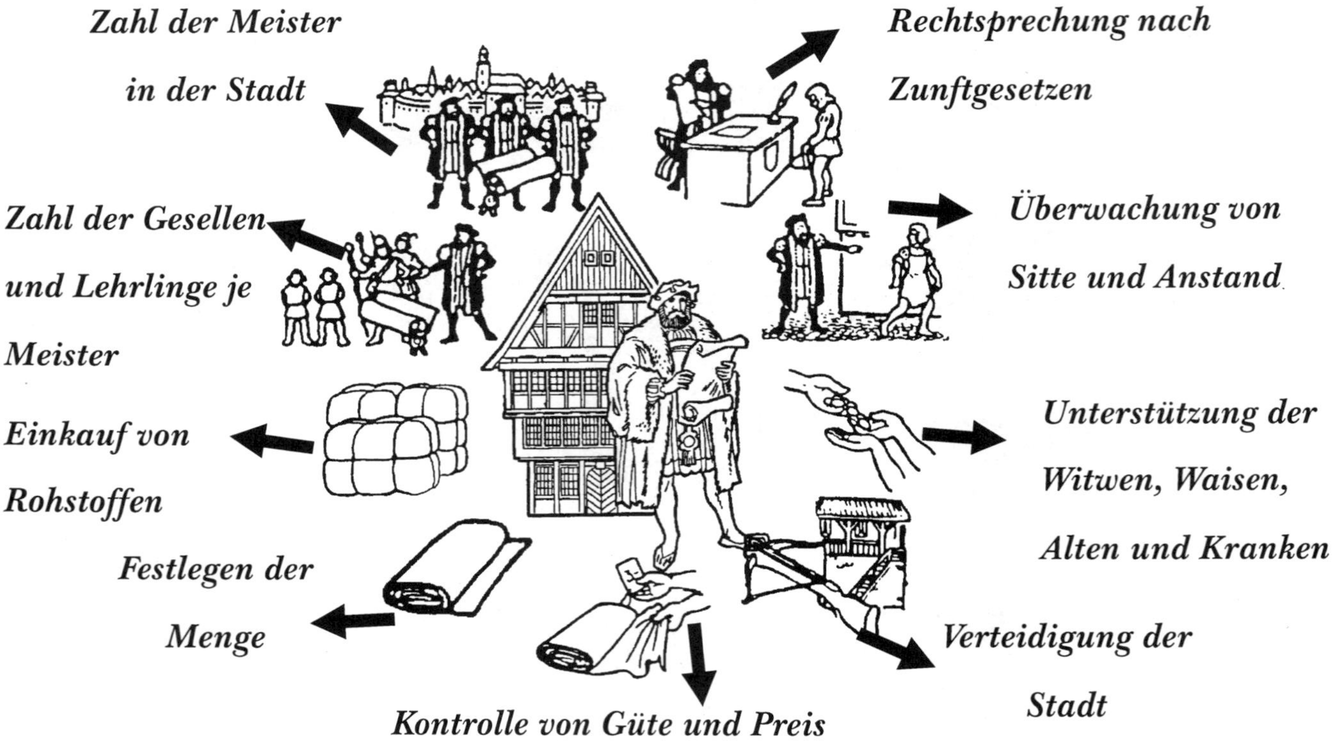

Die Ausbildung des Handwerkers geschah in der Arbeits- und Lebensgemeinschaft eines Meisters und seiner Familie.

GSE

Der Handel im Mittelalter

Die Menschen einer Stadt brauchen vielerlei zum Leben. Das war im Mittelalter nicht anders. Lebensmittel für die Bevölkerung und Rohstoffe für die Handwerker mussten herbeigeschafft und die Fertigprodukte in anderen Städten zum Verkauf angeboten werden; das war die Aufgabe der Kaufleute.

Versorgung der Stadtbevölkerung mit

Lebensmitteln:	Rohstoffen:	Luxusartikeln:

Zwei Kaufherrn handeln um den Preis der Ware.

Auf dem Land wurden die Waren in solchen Pferdefuhrwerken transportiert. Pro Tag konnte man damit etwa 40 km zurücklegen.

Solche Schiffe konnten bis zu 200 t Waren transportieren.

Die Kaufleute hatten viele Hindernisse zu überwinden:

Den Kaufleuten drohten viele Gefahren:

Die Kaufleute schlossen sich zusammen:

GSE		

Der Handel im Mittelalter

Die Menschen einer Stadt brauchen vielerlei zum Leben. Das war im Mittelalter nicht anders. Lebensmittel für die Bevölkerung und Rohstoffe für die Handwerker mussten herbeigeschafft und die Fertigprodukte in anderen Städten zum Verkauf angeboten werden; das war die Aufgabe der Kaufleute.

Versorgung der Stadtbevölkerung mit

Lebensmitteln:	Rohstoffen:	Luxusartikeln:
Mehl, Getreide, Fisch, Schlachtvieh, Bier, Wein, Salz, Honig	*Holz, Wolle, Flachs, Tuche, Pelze, Leder, Eisen, Kupfer, Silber, Gold, Zinn, Papier*	*Pfeffer, Safran, Ingwer, Weihrauch, Nelken, Muskat, Seide, Teppiche, Schmuck*

Zwei Kaufherrn handeln um den Preis der Ware.

Auf dem Land wurden die Waren in solchen Pferdefuhrwerken transportiert. Pro Tag konnte man damit etwa 40 km zurücklegen.

Solche Schiffe konnten bis zu 200 t Waren transportieren.

Die Kaufleute hatten viele Hindernisse zu überwinden:

Schlechte Straßen, Flüsse, Alpen, Witterungsverhältnisse, Zölle und Wegegebühren

Den Kaufleuten drohten viele Gefahren:

Übergriffe fremder Herrscher, Straßenräuber, Seeräuber

Die Kaufleute schlossen sich zusammen:

Geleitzüge wurden von Söldnern beschützt.

In Norddeutschland entstand der Städtebund 'Hanse'.

Die Kaufmannsgeschlechter Fugger, Welser und Tucher wurden mächtig.

Die gesellschaftliche Ordnung in der mittelalterlichen Stadt

Die Patrizier

Einige Kaufleute waren im Laufe der Zeit sehr reich geworden. Sie wollten ihre Städte selbst regieren und nicht mehr vom Fürsten oder Stadtherrn abhängig sein. In manchen Städten erkauften sie sich bestimmte Rechte und Freiheiten, in anderen verjagten sie einfach den Stadtherrn. Die Städte erlangten so nach und nach ihre Selbständigkeit.

Die 'Patrizier', wie diese reichen Kaufleute genannt wurden, stellten nun die Regierung der Stadt, den Bürgermeister, die Ratsherrn und die Schöffen. Die Patrizier bauten sich stattliche Häuser und richteten sich vornehm ein. Auch in der Kleidung unterschieden sie sich von den übrigen Bewohnern der Stadt.

Die Handwerker

Die zahlenmäßig größte Bevölkerungsgruppe waren die Handwerker. Zusammen mit ihren Angehörigen machten sie mehr als die Hälfte der Stadtbewohner aus. Sie waren straff organisiert in Zünften. Diese Zünfte regelten nicht nur das Arbeitsleben, sondern kümmerten sich auch um soziale Belange, um die Verteidigung der Stadt, um die Freizeitgestaltung, ja sogar um die Kleiderordnung ihrer Mitglieder. Als die Zünfte stark geworden waren, wollten sie auch in der Stadtregierung mitwirken. In vielen Städten kam es zu Aufständen und zumeist erreichten es die Zünfte, dass ihre Vertreter in den Rat der Stadt aufgenommen wurden.

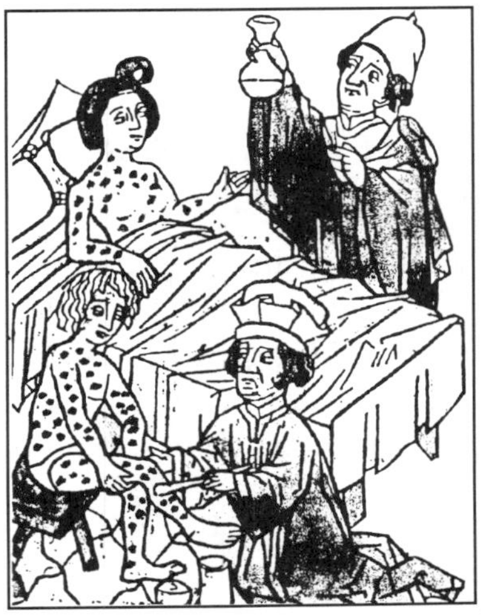

Andere Bürger

Neben den Patriziern und organisierten Handwerkern gab es in der mittelalterlichen Stadt noch andere, durchaus angesehene Bürger. Das waren die Ärzte und Apotheker, die nicht organisierten Handwerker, Fuhrleute, Wirte, Krämer und die Stadtbeamten. Sie hatten zwar keinen politischen Einfluss aber ihr geregeltes Auskommen in der Stadt.

GSE

Die gesellschaftliche Ordnung in der mittelalterlichen Stadt

Die Armen

Bürger der Stadt waren meist auch die einfachen Stadtbediensteten, wie Zöllner, Türmer und Stadtknechte. Zu dieser gesellschaftlichen Gruppe gehörten auch die vielen Tagelöhner. Sie lebten meist in ärmlichen Verhältnissen. An der Selbstverwaltung der Stadt waren sie nicht beteiligt.

Auch Nichtbürger lebten in der Stadt. Zu ihnen zählte das Gesinde (Diener, Knechte und Mägde), zur Miete wohnende Lohnarbeiter sowie all jene, die man damals als "unehrliche Leute" bezeichnete; das waren die Arbeits- und Obdachlosen, die 'Berufsbettler', die Dirnen, die Henker und die Totengräber. Sie bildeten in der Stadt die Gruppe der Armen.

Geistliche und Juden

Auch die Geistlichkeit, die Priester und Kleriker standen zwar rechtlich außerhalb der Bürgerschaft, hatten jedoch in der Stadt ihr Auskommen und Ansehen.

Die Juden genossen bis ins 14. Jahrhundert als Kaufleute Ansehen und besonderen Schutz. Erst später wurden sie auf Pfandleihe und Althandel zurückgedrängt und verloren die einstige soziale Geltung. Sie lebten meist nach eigenem Recht in abgeschlossenen Stadtvierteln.

Die Rechtlosen

Völlig rechtlos und ohne jegliches Ansehen war das "fahrende Volk", also die Schausteller und Spielleute, die Gaukler, Akrobaten, Jongleure, Seiltänzer und Bärentreiber, die Wunderärzte, Wahrsager und Zauberer. Sie sorgten für Abwechslung und Unterhaltung, hatten jedoch kein Anrecht auf eine feste Bleibe.

GSE

Die gesellschaftliche Ordnung in der mittelalterlichen Stadt

①

②

④

④

③

①

②

③

④

Male entsprechende Felder mit der gleichen Farbe aus!

GSE

Die gesellschaftliche Ordnung in der mittelalterlichen Stadt

(1) *Patrizier*

(2) *Handwerker - in Zünften organisiert.*

Nicht organisierte Handwerker, Ärzte, Apotheker,

Fuhrleute, Wirte, Krämer, Stadtbeamte

(4) *Geistliche*

(3) *Knechte, Mägde, Lohnarbeiter*

Stadtbedienstete

Arbeits- und Obdachlose, Bettler

(4) *Juden*

(1) ***Sie waren meist reiche Kaufleute, die im Rat der Stadt saßen und die politische Führung der Stadt in Händen hielten. Durch großzügige Spenden unterstützten sie die Armen in der Stadt.***

(2) ***Sie stellten den größten Teil der Bevölkerung und waren die eigentlichen Träger des städtischen Wirtschaftslebens. Die meisten waren in Zünften und Gilden zusammengeschlossen. Sie kümmerten sich auch um die soziale Sicherung und um die Verteidigung der Stadt.***

(3) ***Sie waren die Schutzbefohlenen der Bürger, lebten in deren Häusern und hatten zu tun, was ihnen befohlen wurde. Sie hatten keine Bürgerrechte und lebten meist in Armut.***

(4) ***Sie hatten innerhalb der Stadt eine Sonderstellung, die sich auch in ihrer andersartigen Kleidung ausdrückte.***

Male entsprechende Felder mit der gleichen Farbe aus!

In einer mittelalterlichen Stadt

☺ Vor zur nächsten Fragekarte	👍 nochmals würfeln	? Nur wenn du die Frage richtig beantworten kannst, darfst du weiter; sonst musst du ein Mal aussetzen!
☹ zurück zur letzten Fragekarte	P ein Mal aussetzen	

GSE

Handwerker in der mittelalterlichen Stadt

Früher gab es noch keine Fabriken. Alles, was die Menschen brauchten, fertigten die Handwerker. Die Bäcker buken Brot, Semmeln und Brezen, die Schuster fertigten Stiefel und Schuhe, die Schneider nähten Hosen und Röcke usw.
Jedes Handwerk schloss sich zu einer Interessensgemeinschaft zusammen, die man Zunft nannte. Vor jedem Handwerksladen war das Zunftzeichen angebracht. Daran erkannten die Leute schon von weitem das Handwerk. Jede Zunft hatte ihr eigenes Zunftzeichen.

Verschiedene Zunftwappen aus verschiedenen Jahrhunderten

Fischer Schmiede Fischer Schneider Schuhmacher Fleischer Kürschner

Tuchmacher Leineweber Maler Müller Zimmerleute Sattler Bäcker

Handwerker, die zur selben Zunft gehörten, wohnten meist in bestimmten Gassen und Straßenzeilen nebeneinander. Hier stand auch das Zunfthaus, wo die Zunftmeister fröhliche Feste feierten, wo aber auch alle beruflichen Angelegenheiten geregelt wurden: die Ausbildung der Lehrlinge, die Tätigkeit der Gesellen, der Verdienst und die Versorgung der in Not geratenen Handwerkerfamilien. So sorgten die Zünfte dafür, dass jeder Meister in der Stadt sein Auskommen hatte. Aber sie bestimmten auch, wie viel Meister in einer Stadt zugelassen wurden. Diese Zahl wurde bewusst klein gehalten.

Bevölkerung der Reichsstadt Eßlingen nach Berufen:

2 Apotheker, 1 Arzt, 4 Axteindreher, 117 Bäcker, 26 Bader, 56 Binder, 7 Decker, 4 Dreher, 1 Drescher, 4 Eicher, 2 Fassträger, 13 Fischer, 58 Gerber, 1 Gießer, 1 Glaser, 7 Goldschmiede, 1 Grabenmeister, 1 Graber, 5 Hafner, 1 Harnischmacher, 1 Heumeister, 2 Helmschmiede, 1 Hofmeister, 5 Holzhauer, 1 Holzwart, 3 Kannengießer, 2 Karrenspanner, 1 Käsbohrer, 2 Kellner, 1 Kessler, 15 Knechte, 5 Köche, 6 Kornmesser, 12 Kramer, 1 Kupferschmied, 21 Kürschner, 4 Läufer, 10 Mägde, 5 Maler, 4 Maurer, 3 Melwer, 3 Messerschmiede, 53 Metzger, 8 Müller, 3 Näherinnen, 1 Ölschläger, 1 Pfannenschmied, 1 Ringdreher, 4 Säckler, 3 Sackträger, 12 Sattler, 1 Schaffner, 1 Scharwächter, 6 Scherer, 27 Schmiede, 53 Schneider, 2Schröpfer, 94 Schuhmacher, 1 Schwertmacher, 1 Seiler, 6 Spengler, 1 Spießmacher, 2 Sporenmacher, 1 Steinhauer, 11 Treiber, 52 Tucher, 4 Tuchscherer, 1 Turmmeister, 13 Wächter, 9 Wagner, 24 Weber, 178 Weingärtner, 3 Weinschenke, 16 Weinzieher, 2 Weingeber, 2 Wirte, 3 Wollweber, 1 Würfelmacher, 1 Ziegler, 34 Zimmerleute, 1 Zöllner. Dazu kamen 14 Juden, 40 Kleriker (ohne Mönche und Nonnen) und 400 Frauen ohne Angaben.

① Welche Handwerker kennst du?

② Erkundige dich, wie viele und welche Handwerker in deiner Gemeinde leben!

③ Teilt euch in Gruppen und geht jeweils zu einem anderen Handwerker. Fragt ihn nach seiner Ausbildung und was er über seine Zunft weiß.

Die Stadt im hohen / späten Mittelalter, II. Teil

- ❍ Stadtherrschaft und Selbstverwaltung
- ❍ Markt und Handel
- ❍ gesellschaftliche Ordnung
- ❍ Kirche und soziale Fürsorge

❶ Alltag in einer mittelalterlichen Stadt Beschreibung des Alltags anhand von Originaltexten Schwerpunkt: Eingehen auf hygienische Bedingungen Vergleichen mit einer römischen / modernen Stadt		AB (S. 74)
❷ Wer hilft den Armen, Alten und Kranken? Hilfe durch Klöster, Kirchen und Städte Gründe für die Spendenfreudigkeit der Bürger Leben in einem Spital Almosen als christlicher Dienst am Mitmenschen		AB (S. 75) Lösung S. 76
❸ Kirchen zur Ehre Gottes und zum Ruhme der Stadt Die Gründe für den Bau der Dome am Text erarbeiten		AB (S. 77)
❹ Die Dombauhütte Der Dombau war eine langfristige Angelegenheit Fachhandwerker schließen sich zu Dombauhütten zusammen		AB (S. 78)
❺ Romanik - Ausdruck kaiserlicher und kirchlicher Macht Beschreibung einer romanischen Kirche / typische Merkmale Grundriss und Querschnitt		AB (S. 79)
❻ Die gotische Kirche - ein Abbild des Himmels Beschreibung einer gotischen Kirche / typische Merkmale Grundriss und Querschnitt		AB (S. 80)
❼ Romanik Zusammenfassung der wichtigsten Stilelemente (Bauwerke und Möbel)		AB (S. 81) Lösung S. 82
❽ Gotik Zusammenfassung der wichtigsten Stilelemente (Bauwerke und Möbel)		AB (S. 83) Lösung S. 84
❾ Die Geschichte des Kölner Domes Die Entstehungsgeschichte des Kölner Domes		Infoblatt S. 85
❿ Mit Nase, Auge und Ohr in einer mittelalterlichen Stadt Fiktiver Spaziergang durch eine mittelalterliche Stadt. Schwerpunkte: Was kann man riechen, was kann man hören, was kann man sehen?		AB (S. 86)

GSE ....

Alltag in einer mittelalterlichen Stadt

In einer alten Darstellung über die mittelalterliche Stadt heißt es:

"Wer am Morgen die Stadt betritt, der begegnet sicher zuerst dem Stadtvieh. In den Gassen der Stadt traben die Kühe, ein Schäfer führt mit seinem Hund die Schafherde auf die nahen Höhen. Große Tauben heben sich aus den Gassen, sie sind Lieblinge der Bürger. Seltene Arten werden gesucht, einer versucht sie dem anderen abzufangen und der Rat hat zu schlichten. Noch mehr Mühe machen dem Rat die Borstentiere und ihr Schmutz, denn die Schweine fahren durch die Haustüren in die Häuser und suchen auf dem Weg ihre unsaubere Nahrung.
In den Flussarmen, welche durch die Stadt führen, hat das Vieh seine Schwemmen. Dort brüllt und grunzt es und verengt den Weg für Menschen und Karren. Da fehlt auch der Mist nicht. Auf abgelegenen Plätzen lagern große Haufen. Wenn die Stadt sich einmal zu einem Kaiserbesuch oder einer großen Messe schmückt, dann lässt sie, um säuberlich auszusehen, nicht nur die Gehängten vom Galgen nehmen, sondern auch den Dünger von Straßen und Plätzen schaffen."

Meist war nur der Marktplatz beim Rathaus gepflastert, in manchen Städten auch noch die wichtigsten Straßen. Schlimm aber sah es in den engen und verwinkelten Gassen aus: Misthaufen, der Schmutz von Schweinen und Rindern, Hühnern und Schafen, von Küchenabfällen und Abwässern verbreiteten einen durchdringenden Gestank. Da kaum ein Haus über eine eigene Toilette verfügte, wurden Nachtgeschirr und Nachteimer einfach auf die Gassen entleert. Fußhoch lag der Dreck. Bei Regenwetter weichte der Boden auf und die Schuhe blieben in Morast und Schmutz stecken. Wer bei schlechtem Wetter ausgehen musste, zog schwere Holzschuhe an. Von den Ratsherren wurde verlangt, dass sie diese vor den Sitzungen auszogen. Es gab keine Wasserleitungen und die Bürger mussten das Wasser in Kübeln vom Brunnen holen.

Viele Städte erließen in dem Bemühen um mehr Sauberkeit Vorschriften wie diese:

Auch finden sich viele Schweineställe auf den Straßen. Wo sie sind, soll man sie innerhalb von acht Tagen abreißen. Von nun an soll man weder auf den Straßen noch unter den Fenstern der Häuser noch irgendwo außerhalb der Häuser Ställe haben.

Niemand soll Mist oder Kot vor sein Haus legen, wenn er ihn nicht gleich wegfahren will, außer auf den hierzu bestimmten Plätzen, nämlich neben dem Fleischmarkt, ferner neben dem Brunnen auf dem Pferdemarkt und bei dem Platze, welcher Gewirke heißt.

Jeder, der sein Nachtgeschirr auf die Straße entleeren will, muss nach dem Öffnen des Fensters zunächst rufen: Achtung, Wasser!

Die Unsauberkeit in den engen Straßen begünstigte die Entstehung und Ausbreitung von Krankheiten. In manchen Jahren rafften Seuchen bis zu einem Drittel der Bewohner hinweg.

① *Vergleiche eine mittelalterliche Stadt mit einer römischen Stadt!*

② *Welche Errungenschaften unterscheiden eine moderne Stadt von einer mittelalterlichen?*

③ *Warum konnten sich ansteckende Krankheiten in einer mittelalterlichen Stadt so gut ausbreiten?*

④ *Welche Maßnahmen würdest du als Bürgermeister einer mittelalterlichen Stadt einleiten?*

⑤ *Wie würdest du sie deinen Mitbürgern gegenüber begründen?*

GSE

Wer half den Armen, Alten und Kranken?

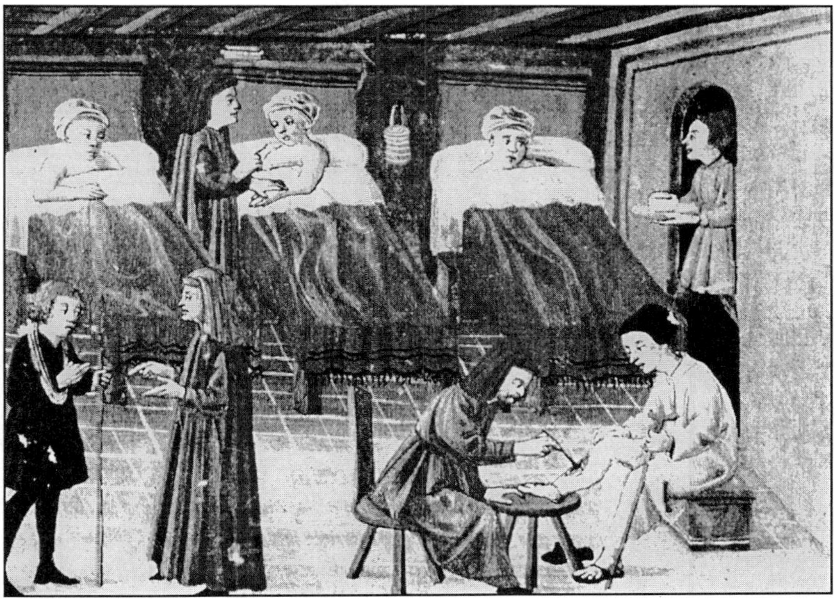

In einem Spital

"Jeder Spitalbewohner ist zu täglichen Gebeten und zur Teilnahme an den Gottesdiensten in der Spitalkirche verpflichtet; ebenso gelten die Beichte und der Empfang der Kommunion vor allem an großen Feiertagen als Pflicht. Jeden Tag wird um 9 Uhr, spätestens um 10 Uhr, zu Mittag und um 16 Uhr zu Abend gegessen; ein Frühstück gibt es nur an Feiertagen. Jeden Montag wird nach dem Gottesdienst das Brot ausgegeben.
Im Spital sollen auch andere Bedürftige verpflegt werden: arme Schüler, Waisenkinder, Bewohner des Blattern- und Leprosenhauses, arme Pilger und Durchreisende.
Die gesunden Spitalbewohner helfen bei den Arbeiten im Haus, sie arbeiten in der Landwirtschaft und auch in der Krankenpflege. Wenn ein Spitalbewohner gelernter Handwerker ist, dann übt er im Spital seinen Beruf weiter aus; allerdings erlaubt ihm die Zunft nur Ausbesserungsarbeiten."

arme Spitalbewohner:	wohlhabende Spitalbewohner:

GSE

Wer half den Armen, Alten und Kranken?

Klöster | *Kirchen* | *Städte*

sorgten für Kranke und Notleidende.

ließen Spitäler für Kranke, Alte und Gebrechliche bauen.

Wohlhabende Bürger halfen mit Spenden. Sie stifteten dem Spital Häuser und Land. Sie sicherten sich so für das Alter einen Platz und Pflege. Viele Spitäler kümmerten sich auch um die Ernährung der Bedürftigen.

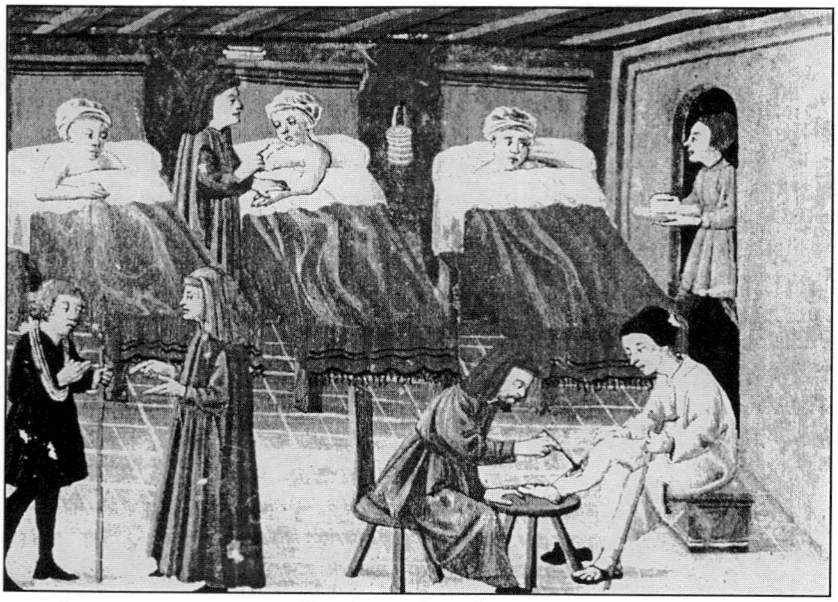

In einem Spital

"Jeder Spitalbewohner ist zu täglichen Gebeten und zur Teilnahme an den Gottesdiensten in der Spitalkirche verpflichtet; ebenso gelten die Beichte und der Empfang der Kommunion vor allem an großen Feiertagen als Pflicht. Jeden Tag wird um 9 Uhr, spätestens um 10 Uhr, zu Mittag und um 16 Uhr zu Abend gegessen; ein Frühstück gibt es nur an Feiertagen. Jeden Montag wird nach dem Gottesdienst das Brot ausgegeben.
Im Spital sollen auch andere Bedürftige verpflegt werden: arme Schüler, Waisenkinder, Bewohner des Blattern- und Leprosenhauses, arme Pilger und Durchreisende.
Die gesunden Spitalbewohner helfen bei den Arbeiten im Haus, sie arbeiten in der Landwirtschaft und auch in der Krankenpflege. Wenn ein Spitalbewohner gelernter Handwerker ist, dann übt er im Spital seinen Beruf weiter aus; allerdings erlaubt ihm die Zunft nur Ausbesserungsarbeiten."

arme Spitalbewohner:	wohlhabende Spitalbewohner:
gemeinsame Krankensäle, gemeinsame Aufenthalts- und Schlafräume	*eigenes Zimmer oder kleine Wohnung, besseres Essen*

Im Mittelalter nahm man Armut und Krankheit als etwas Gottgewolltes hin. Deshalb fühlte man sich als Christ verpflichtet, Almosen zu geben. Geistliche wiesen ständig auf diese Verpflichtung hin. Besonders wohlhabende Bürger wollten sich mit der Stiftung ihr eigenes Seelenheil erkaufen.

GSE

Kirchen zur Ehre Gottes und zum Ruhme der Stadt

Fromme Begeisterung erfüllte die Menschen des Mittelalters. Deshalb errichteten die Bewohner der Städte und Marktflecken zur Ehre Gottes mächtige Dome, die alle anderen Gebäude der Stadt an Größe und Schönheit übertrafen. Das Gotteshaus sollte nach den Vorstellungen der damaligen Zeit ein Abbild des Himmels sein. "Gott wohnt in der Kirche, deshalb ist nur das Beste gut genug" - so dachten die mittelalterlichen Menschen in ihrer Frömmigkeit. Der Bau der Kirche diente der Verherrlichung und der Ehre Gottes. Die Baumeister bekamen daher den Auftrag, Dome mit gewaltigen Ausmaßen zu errichten. Ihre Fertigstellung dauerte oft mehrere Generationen und verschlang Unsummen von Geld.

Eine große, prächtige Kirche war aber auch der Stolz der Stadtbürger. Sie sollte - weithin sichtbar - den Reichtum und die Frömmigkeit der Städter zeigen. Die Städte wetteiferten sogar untereinander, wer wohl die größte und mächtigste Kirche bauen könne.

So planten die Bürger von Ulm mit 161 m den höchsten Kirchturm der Welt und ein Kirchenschiff von 124 m Länge. Die damalige Bevölkerung der Stadt hätte darin viermal Platz gehabt. Die Ulmer übernahmen sich beim Bau. 1377 war die Grundsteinlegung - erst 1890 wurde der Turm fertig gestellt. Ähnlich war es bei den großen Dombauten in Regensburg und Köln, die erst im letzten Jahrhundert vollendet wurden.

Die riesigen Kirchen verschlangen viel Geld. Von den Bürgern der Stadt wurden deshalb große finanzielle Opfer verlangt. Die Patrizier und reichen Handwerker trugen wohl die Hauptlast, sie stifteten Baumaterial und beauftragten Künstler für Altäre und Bilder. Aber auch die ärmeren Bürger spendeten oder arbeiteten bereitwillig für den Bau ihrer Kirche, denn sie alle glaubten, durch ihre Beiträge zum Bau und zur Ausstattung ihr Seelenheil erkaufen zu können. So sind diese großartigen Bauwerke noch heute Zeichen für den Gemeinschaftsgeist aller Bürger einer Stadt.

① *Aus welchen Gründen errichteten die Menschen des Mittelalters diese gewaltigen Dome?*
② *Welches ist das größte Gebäude in deiner Gemeinde?*
③ *Erkundige dich, wie lange man daran gebaut hat!*

Die Dombauhütte

Generationen bauten an den Steinzeugen des Mittelalters. An einem Gotteshaus schufen viele Baumeister, Gesellen und Lehrlinge miteinander und nacheinander. Die Geheimnisse dieser Kunst mussten den nachfolgenden Geschlechtern erhalten bleiben. Der Baumeister einer Kirche musste weiterarbeiten im Sinne seines Vorgängers. Nicht der Name des Meisters, nicht der eigene Ehrgeiz waren es, was diese Männer beherrschte, sondern das Werk selbst. Die freien Meister und Gesellen schlossen sich deshalb - wie die anderen Handwerker - zu ihren Zünften zusammen, zur Zunft der Maurer, Steinmetzen und Zimmerleute. In der Bauhütte kamen sie zusammen. Hier wurde das Geheimnis der Baukunst an die Jungen weitergegeben. Sie war Versammlungs- und Werkstätte zugleich.
Versetzen wir uns nun in eine große Bauhütte des Mittelalters!
Der oberste Bauhüttenmeister ist Herr in der Bauhütte. So schickt er auch heute die Steinmetzen, Meister und Gesellen zur Arbeit an den gotischen Dom der Stadt. Am Platz vor dem Portal stehen Steinblöcke. Bald dröhnt es hämmernd und splitternd über den Marktplatz, neben welchem der Dom steht. Tierköpfe, Wasserspeier, Türmchen, rankende Blumenketten schälen sich unter den meißelnden Händen der Steinmetzen aus dem rauen Stein heraus. In der Kirche selbst arbeitet man an Säulen und Pfeilern. Stricke laufen vom Turm und über die Mauern zu Boden. Mit Winden werden Steinfiguren zur Turmspitze oder zum Dach des Langhauses hochgezogen.
In der Bauhütte sind nur noch die Lehrlinge, die Unterricht haben - ihre Lehrzeit dauert fünf Jahre. Die Meister und Gesellen sind bei ihrer Arbeit. Auch der Polier (Parlierer = Sprecher) ist mit draußen. Er ist der wichtigste Mann nach dem Obermeister. Gestern wurde er vom Obermeister im Beisein anderer Meister aus denjenigen Gesellen erwählt, die wenigstens ein ganzes Jahr auf der Wanderschaft gewesen waren. Er ist nun der eigentliche Werkführer und in Abwesenheit des Obermeisters dessen Stellvertreter.

① *Vergleiche eine mittelalterliche Baustelle mit einer heutigen!*

② *Welche Handwerker findest du heute auf einer Baustelle?*

③ *Versuche zu erklären, warum der Bau der mittelalterlichen Kirchen so lang dauerte!*

GSE

Romanik
- Ausdruck kaiserlicher und kirchlicher Macht

Die Mönche hatten mit dem Christentum auch die Kunst des Kirchenbaues in unsere Heimat gebracht. Sie errichteten die ersten Gotteshäuser nach italienischem Vorbild, ähnlich römischen Markt- und Gerichtshallen, die Platz für viele Besucher boten.
Diese "Basilika" war ein rechteckiger Bau. Zwei lange Säulenreihen teilten sie in das hohe "Mittelschiff" und die niedrigen "Seitenschiffe". Die dicken Mauern, auf denen das Gewicht der flachen Decke lastete, waren mit kleinen Fenstern versehen. Am Ostende der Halle, dem Eingang gegenüber, stand erhöht der Altar in einem halbrunden Ausbau.
Bald begannen die Werkleute, reicher und schöner zu bauen. Sie schoben in das Längshaus eine Querhalle ein, verlängerten das Mittelschiff und gaben so der Kirche einen Grundriss in Kreuzform. Aus Blöcken geschichtet ragten die starken Mauern auf. Viereckige Türme, von niedrigen Helmen bedeckt, standen als Wächter zu beiden Seiten des Eingangs. Rundbogen wölbten sich über Tore und Fenster. Im Innern der Kirche schmückten Wandgemälde die großen Mauerflächen. Sie erzählten jenen Besuchern, die des Lesens unkundig waren, von dem heiligen Geschehen.
Ernst und mächtig, unbezwingbaren Ritterburgen gleich, erhoben sich diese Kirchen. Sie waren die Burgen Gottes auf Erden und zeigten die Macht des Kaisers als Abbild der Allgewalt Gottes.
Diese Bauweise nennt man "romanischen Stil". Aus der Zeit der "Romanik" stammen die Kirchen St. Emmeram in Regensburg und St. Zeno in Reichenhall, die Stiftskirche in Berchtesgaden, die Dome in Mainz, Speyer und Worms, die Kaiserpfalz in Goslar und die Wartburg im Thüringer Wald.

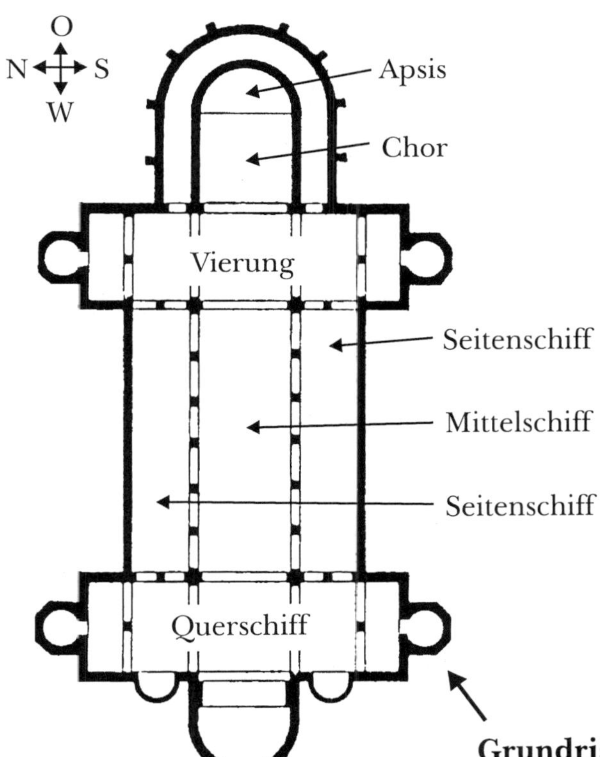

Grundriss einer Kathedrale

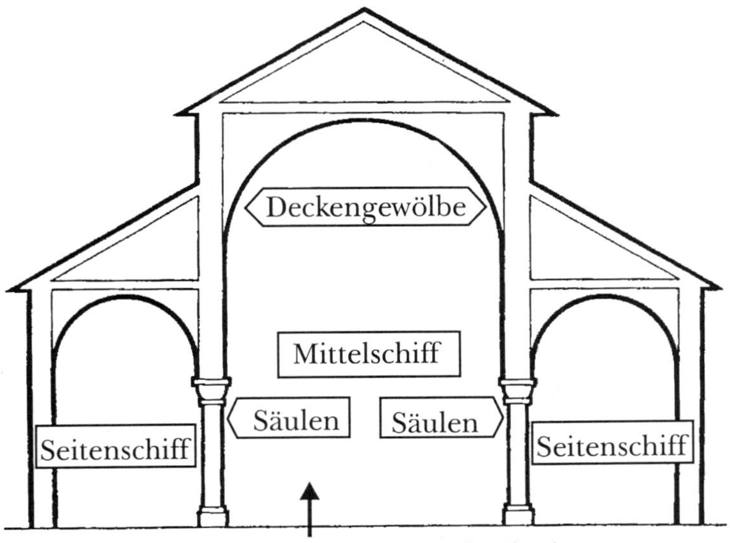

Querschnitt einer Kathedrale

① *Informiere dich in Lexika usw. über die 'Romanik'!*

② *Wie sahen Malerei und Plastiken in diesem Zeitraum aus?*

③ *Gibt es bei dir in der Nähe romanische Bauwerke?*

④ *Stelle dir vor, du bist ein reicher Kaufmann und willst dir ein Haus bauen. Entwirf es im romanischen Baustil!*

Die gotische Kirche
- ein Abbild des Himmels

Um das Jahr 1250 ersannen französische Meister eine neue Bauweise, die bald in unserer Heimat bekannt wurde. Höher als bisher wuchsen die Mauern aus dem kreuzförmigen Grundriss. Die ehemals geschlossenen Steinwände waren nun in viele schlanke Pfeiler aufgelöst. Fenster und Portale liefen oben in Spitzbogen zu. Strebepfeiler und Strebebogen stützten von außen das Gewölbe der Decke. Hochragende Türme vollendeten das kühne Bauwerk.
Reicher Schmuck zierte das Gotteshaus. Standbilder der Heiligen und Stifter umrahmten das Portal. Feines "Maßwerk", aus Stein gehauen, füllte die Bogen der Fenster. Ranken von Blättern und Blumen kletterten an den Streben empor. Türmchen thronten auf Pfeilern und Simsen.
Unter der Traufe des Daches hockten tierköpfige "Wasserspeier". Die Spitzen der Türme waren aus steinernen Rippen gefügt und von einer "Kreuzblume" gekrönt. Das Innere des lichterfüllten Domes zierten die bunten Glasgemälde der Fenster. Zahlreiche Flügelaltäre zeigten, in leuchtenden Farben auf Goldgrund gemalt, Bilder aus dem Leben Christi und der Heiligen.
Der Dom, dessen Mauern und Pfeiler, Bogen und Türme zum Himmel emporstrebten, wurde zum Sinnbild der mittelalterlichen Gottessehnsucht.
Diese Bauweise nennt man "gotischen Stil". Meisterwerke der "Gotik" sind die Dome in Regensburg und Ulm, München und Landshut, in Köln, Freiburg, Straßburg und Wien, die Marienburg der Ordensritter an der Nogat und die Rathäuser von Lübeck, Münster und Breslau.

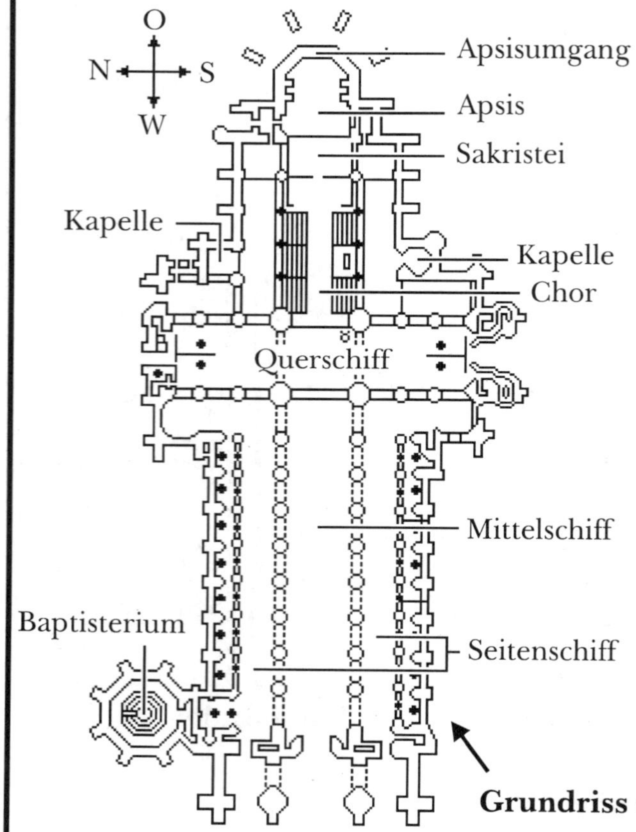

Grundriss einer Kathedrale

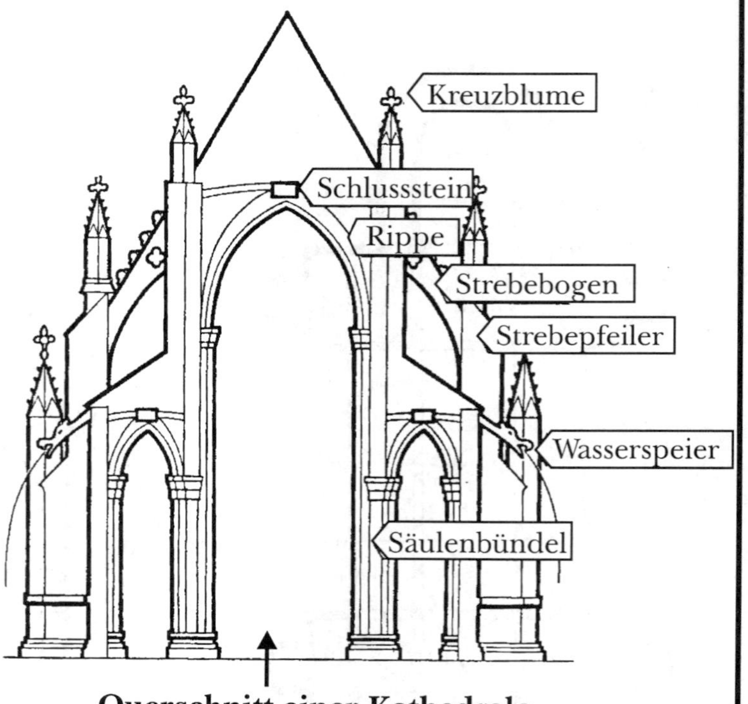

Querschnitt einer Kathedrale

① *Informiere dich in Lexika usw. über die 'Gotik'!*

② *Wie sahen Malerei und Plastiken in diesem Zeitraum aus?*

③ *Gibt es bei dir in der Nähe gotische Bauwerke?*

④ *Stelle dir vor, du bist ein reicher Kaufmann und willst dir ein Haus bauen. Entwirf es im gotischen Baustil!*

Romanik

Drei Beispiele romanischer Kirchenfronten:

Minden Paderborn Soest

Der romanische Baustil ist an diesen Merkmalen sicher zu erkennen:

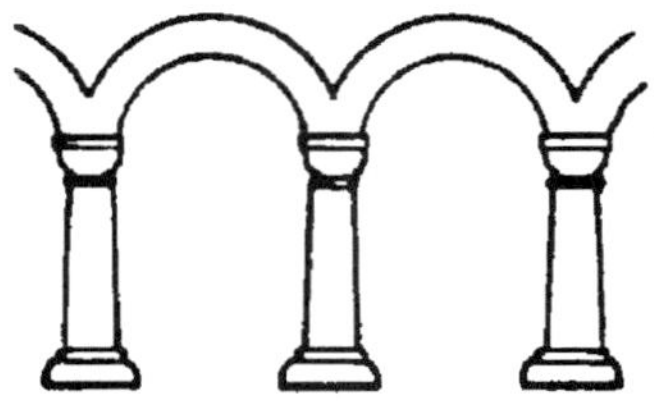

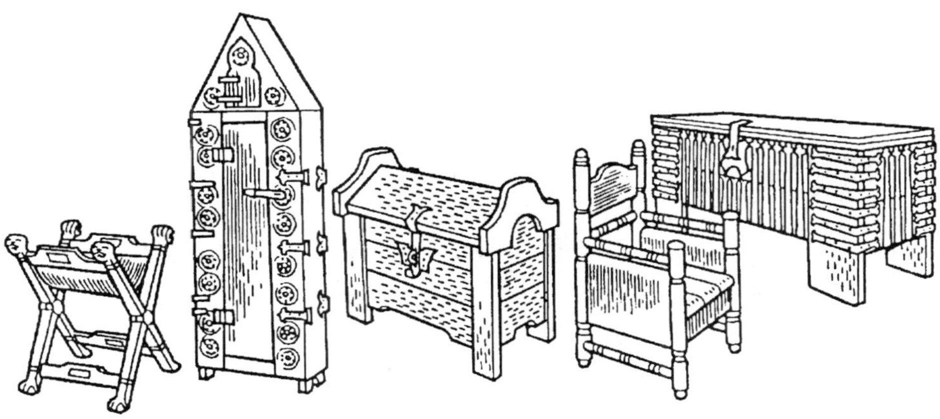

GSE

Romanik

Romanische Kirchen wirken wie eine Burg Gottes. Sie sollen göttliche und weltliche Macht und Erhabenheit darstellen. Meist ließen sie weltliche oder geistliche Fürsten erbauen.

Drei Beispiele romanischer Kirchenfronten:
Minden Paderborn Soest

Der romanische Baustil ist an diesen Merkmalen sicher zu erkennen:

Würfelkapitell

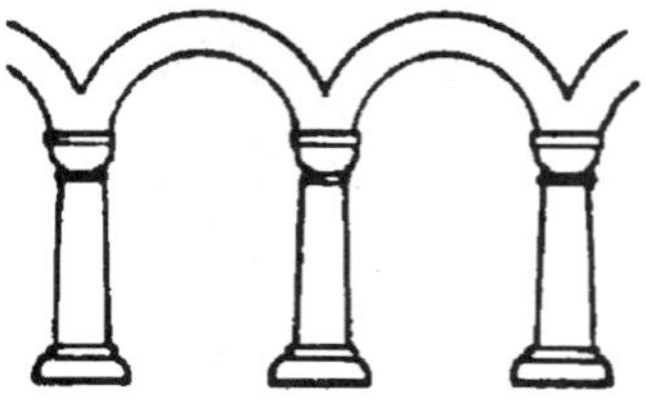

Rundbögen

Rundbogenportal

Kreuzgewölbe

Die Mauern sind dick und aus Stein oder Ziegel.

Die Türme wirken gedrungen.

Die Fenster sind klein und oben rund.

Kräftige Säulenreihen trennen das Mittelschiff von den Seitenschiffen.

Die Eingangsfront im Westen wirkt wie eine Festung.

Einfache, eckige Möbel; kaum Verzierungen.

Gotik

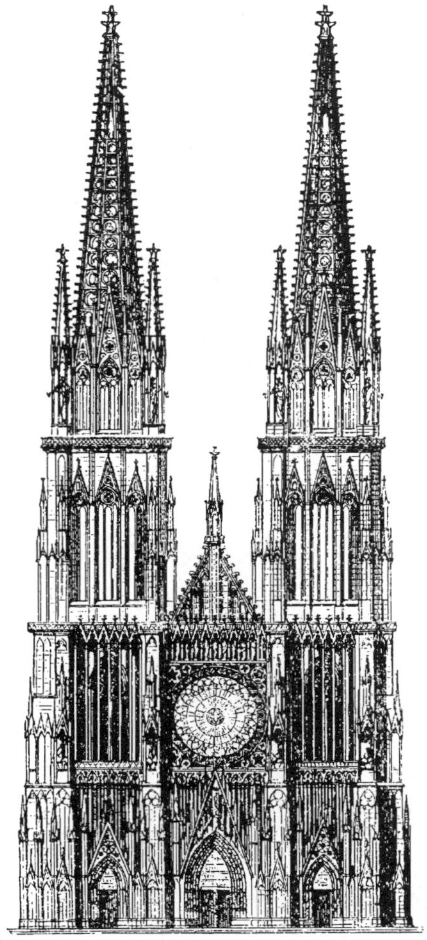

Der gotische Baustil ist an diesen Merkmalen sicher zu erkennen:

① Spitzbogenportal

② Maßwerk im Spitzbogen

③ Blattkapitell

④ Kreuzblume

⑤ Rosettenfenster

⑥ Wasserspeier

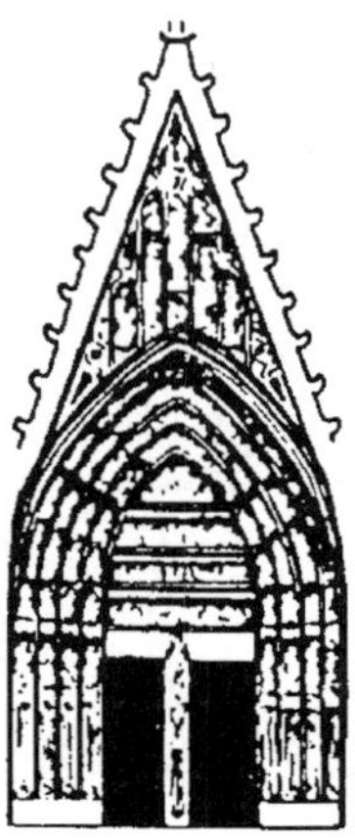

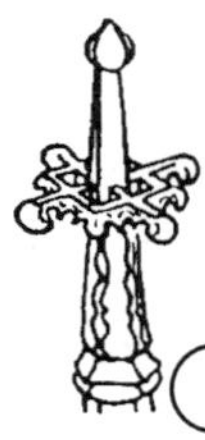

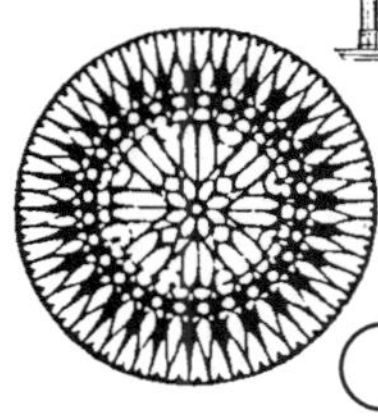

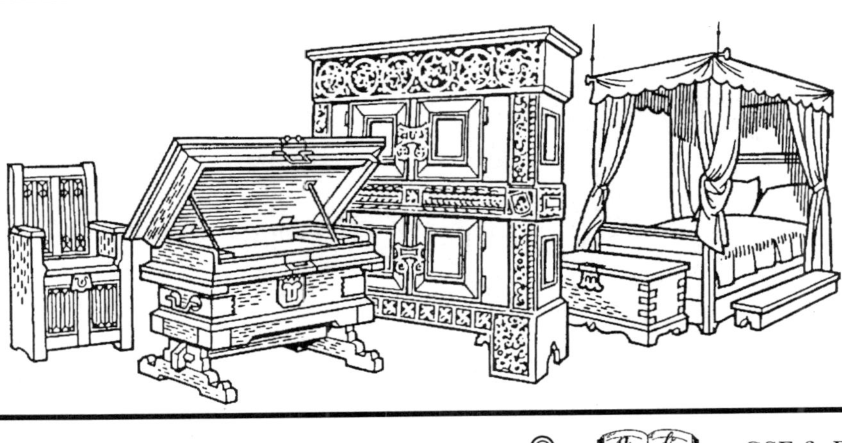

Gotik

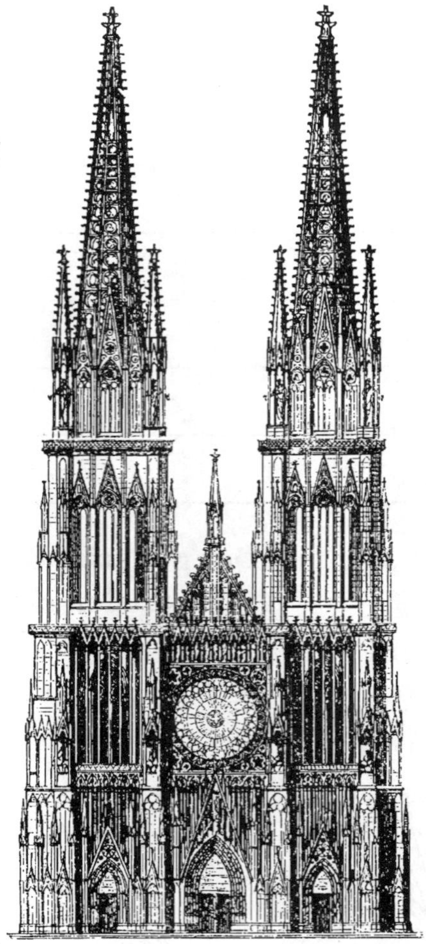

Der gotische Baustil ist Ausdruck einer religiösen Haltung der Menschen. Die senkrechten Linien streben nach oben, empor zu Gott. Diese Kirchen wurden von der Bürgerschaft der Stadt finanziert.

Der gotische Baustil ist an diesen Merkmalen sicher zu erkennen:

① Spitzbogenportal
② Maßwerk im Spitzbogen
③ Blattkapitell
④ Kreuzblume
⑤ Rosettenfenster
⑥ Wasserspeier

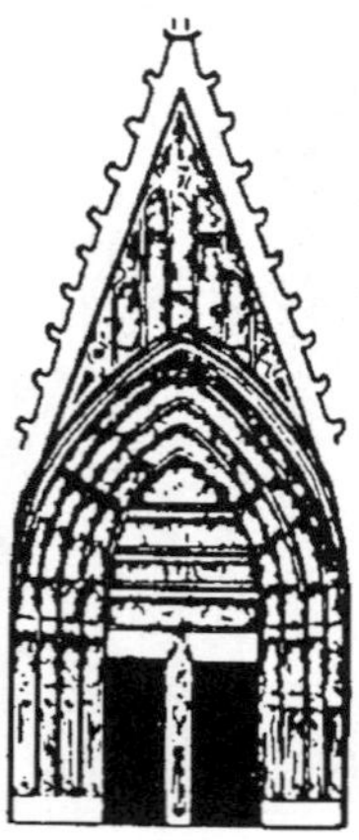
①

②

③

④

⑤

⑥

Die Mauern werden durch schlanke Säulen und Pfeiler aufgelöst.

Fenster und Portale haben oben einen Spitzbogen.

Hohe Fenster mit Glasmalereien lassen Licht in den Raum.

Die Türme und Türmchen ragen hoch auf.

Strebebögen und Strebepfeiler stützen von außen das Gewölbe.

Die Möbel sind technisch ausgereifter und mit Verzierungen geschmückt.

GSE

Die Geschichte des

Kölner Domes

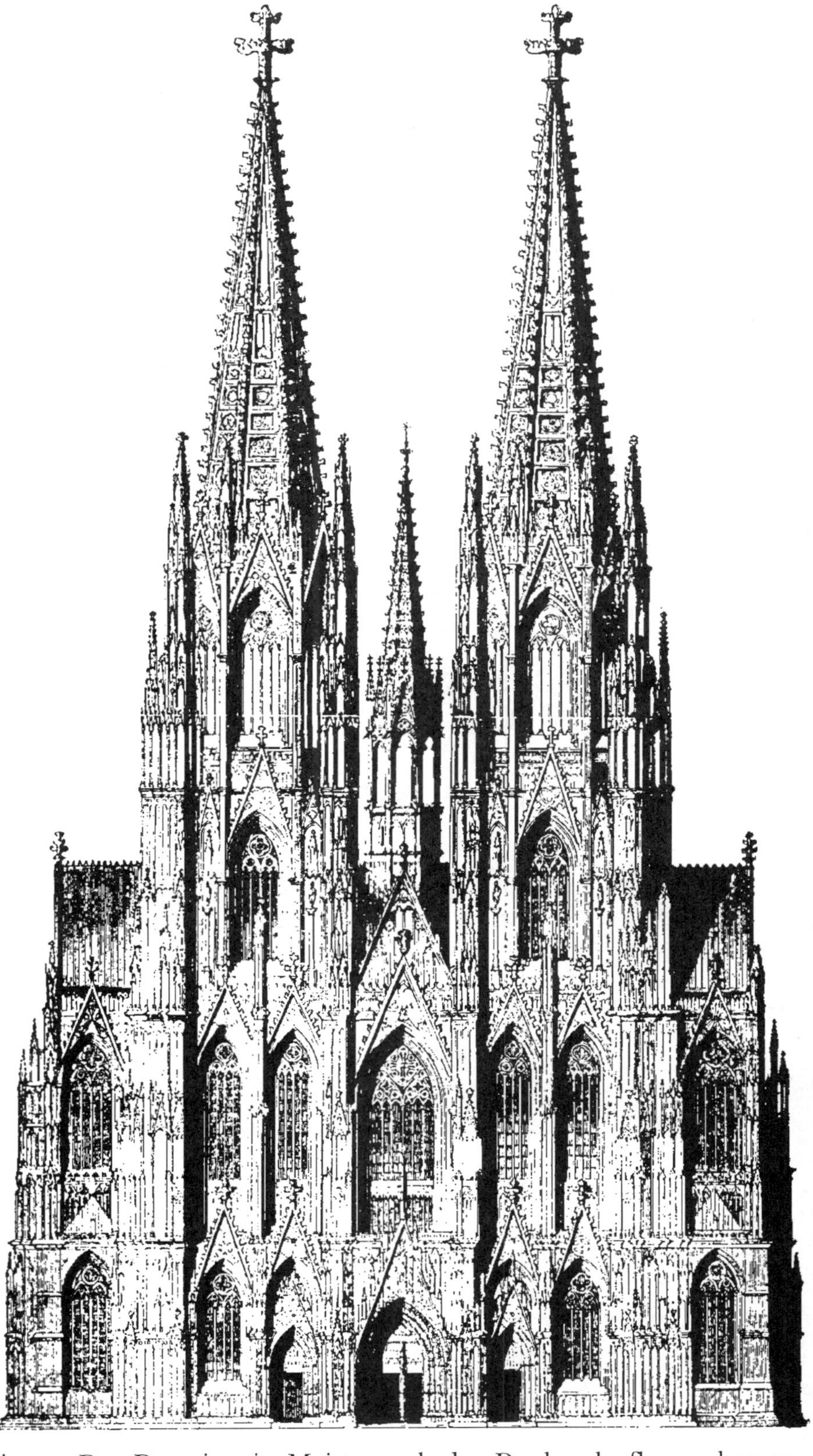

Im Jahre 1248 wurde der Grundstein gelegt. Aber im Mittelalter konnte man den Bau nicht vollenden, der größer und reicher werden sollte als seine Vorbilder Reims und Amiens.

Am Ende des 15. Jahrhunderts standen der Ostchor und ein Teil des Langhauses; die Türme waren begonnen. Zwischen den beiden Bauteilen war eine große Lücke. Auf dem bis zur halben Höhe aufgeführten Südturm ragte ein Kran, für lange Zeit eines der Wahrzeichen Kölns. Der Bau ruhte volle drei Jahrhunderte. Im Jahre 1794 wurde Köln von den Franzosen besetzt. Im verfallenden Kirchenhaus wurde Heu gespeichert. Der damalige Gouverneur der Stadt hielt den Bau für abbruchreif.

In der deutschen Romantik begannen bedeutende Männer für die Vollendung des Werkes zu wirken. Durch Zufall fand man in einem alten hessischen Wirtshaus eine Planzeichnung für die Westfassade mit den Türmen. 1842 wurde der Grundstein für den Neubau gelegt, 1880 war das Werk vollendet. Der Leiter des Baus, Ernst Zwirner, hatte weit über hundert Steinmetzen in gotischer Handwerkskunst unterwiesen. Der Dom ist ein Meisterwerk der Denkmalspflege, aber er zeigt auch die Grenzen des Restaurierens. Alles architektonisch Handwerkliche war großartig gelungen; die neu geschaffenen Bildwerke konnten jedoch den Geist gotischer Bildhauerei nicht beschwören.

Im Zweiten Weltkrieg wurde der Dom durch Bomben schwer getroffen. Neun Wölbungen des Langhauses stürzten ein. Der Wiederaufbau begann ein Jahr nach Kriegsende und war 1956 vollendet.

GSE

Mit Nase, Auge und Ohr in einer mittelalterlichen Stadt

Was kannst du in der Stadt riechen?	Was kannst du in der Stadt sehen?	Was kannst du in der Stadt hören?

Ritter und Kreuzzüge

- Lebenswelt und Aufgabe der Ritter
- der 1. Kreuzzug: Idee und Wirklichkeit
- wirtschaftliche und kulturelle Folgen der Kreuzzüge

❶ Zum Leben der Ritter Anhand des Rittereids die Ideale der Ritter herausarbeiten Besprechen: ‘Was ein Knappe können musste’ Lebensbedingungen auf einer Burg am Text Ulrich von Huttens herausarbeiten / Vergleichen mit den Lebensbedingungen der Bauern im Mittelalter, der Römer, der heutigen Zeit	AB (S. 88)
❷ Die Ritter Die Ritter entwickelten sich aus den schwer bewaffneten fränkischen Panzerreitern. Ständige Kriege und Bedrohungen von außen förderten den Ritterstand. Kostspielige Ausrüstung und langjährige Training erforderten eine finanzielle Unabhängigkeit - Entstehung des Lehenswesens Die Burg als Verteidigungsanlage, Wohnort und Zeichen der Macht	AB (S. 89) Lösung S. 90
❸ Der Ritter Wie wurde man Ritter? Page - Knappe - Ritter Welche Aufgaben hatten die Ritter? Ausbildung und Ideale der Ritter wurden zum Vorbild für andere	AB (S. 91) Lösung S. 92
❹ Der erste Kreuzzug Wie kam es zum ersten Kreuzzug? Der Aufruf durch Papst Urban II Warum zogen die Ritter ins Heilige Land? Was waren die Folgen dieses Kreuzzuges?	AB (S. 93) Lösung S. 94
❺ Der erste Kreuzzug Rede Papst Urbans: Aufruf zum Kreuzzug Gründe für die Beteiligung am Kreuzzug nach den Würzburger Jahrbüchern des Jahres 1096 Klärung der Einstellung der Menschen und der Begeisterung	AB (S. 95)
❻ Der erste Kreuzzug Kurzer Abriss des ersten Kreuzzuges Originaltext zur Eroberung Jerusalems Wertung: Verlustzahlen, Gedanke der Nächstenliebe	AB (S. 96)
❼ Ritter und Kreuzzüge Spielplan - Fragekarten werden von den Schülern erarbeitet	Spielplan S. 97
❽ Zu den Kreuzzügen Kurzer Abriss der Kreuzzüge Was die Kreuzfahrer im Morgendland Neues sahen	AB (S. 98)

Zum Leben der Ritter

Der Rittereid

1. Ich gelobe, alle Lehren der Kirche zu glauben und ihre Gebote zu halten.
2. Ich gelobe, die Kirche zu schützen.
3. Ich gelobe, die Schwachen zu verteidigen.
4. Ich gelobe, das Land meiner Geburt zu lieben.
5. Ich gelobe, nie vor einem Feind zu fliehen.
6. Ich gelobe, bis zum Tod gegen die Ungläubigen zu kämpfen.
7. Ich gelobe, meine Pflichten dem Lehensherrn gegenüber zu erfüllen, sofern sie nicht gegen Gottes Gebote sind.
8. Ich gelobe, niemals zu lügen und zu meinem Wort zu stehen.
9. Ich gelobe, allen gegenüber freimütig und großzügig zu sein.
10. Ich gelobe, immer für das Recht und gegen Ungerechtigkeit und Böses zu kämpfen.

Was ein Knappe können musste, wenn er Ritter werden wollte, beschrieb etwa im Jahre 1410 der mittelalterliche Dichter Johannes Rothe in seinem "Ritterspiegel":

"Zu einem vollkommenen Manne gehört, dass er wohl reiten kann, schnell auf- und absitzen, gut traben, rennen und wenden und dass er mit Verstand etwas von der Erde aufnehmen kann.
Zum Zweiten gehört, dass er schwimmen kann und im Wasser tauchen und sich vom Bauch auf den Rücken wenden und krümmen kann.
Zum Dritten gehört zu einem vollkommenen Mann, dass er mit Armbrust und Bogen umzugehen weiß. Das mag er bei Fürsten wohl nützen später.
Zum Vierten muss er auf Leitern klettern können, das wird ihm wohl nützen im Kriege, auch ist es gut, an Seilen und Stangen klettern zu können.
Zum Fünften muss er behände sein und wohl turnieren, streiten und recht und redlich stechen können.
Zum Sechsten muss er bei Gefechten und Scharmützeln ringen können, auch soll er weiter springen können als andere und mit der Rechten ebenso gut fechten wie mit der Linken.
Zum Siebten muss bei Tisch er sich gut benehmen können, tanzen und hofieren, auch soll er das Bredspiel (Schach) verstehen und alles, was ihn noch zieren mag".

Der Reichsritter Ulrich von Hutten beschrieb das Leben auf einer Burg:

Gleichgültig ob eine Burg auf einem Berg oder in der Ebene steht, so ist sie auf jeden Fall doch nicht für die Behaglichkeit, sondern zur Wehr erbaut, mit Gräben und Wall umgeben, innen von bedrückenderEnge, zusammengepfercht mit Vieh- und Pferdeställen; Dunkelkammern, nur voll gepfropft mit schweren Büchsen, Pech, Schwefel und allen übrigen Waffen und Kriegsgerät.
Überall stinkt das Schießpulver und der Duft der Hunde und ihres Unrats ist auch nicht lieblicher, wie ich meine. Reiter kommen und gehen, darunter Räuber, Diebe und Wegelagerer, da unsere Häuser meist allem möglichen Volk offenstehen und wir den Einzelnen nicht genauer kennen oder uns auch um ihn nicht sonderlich kümmern.
Und welch ein Lärm! Da blöken die Schafe, brüllt das Rind, bellen die Hunde, auf dem Felde schreien die Arbeiter, die Wagen und Karren knarren, und bei uns zu Hause hört man auch die Wölfe heulen.

GSE

Die Ritter

Der König brauchte:

Waffen und Rüstungen wurden immer aufwendiger!

GSE

Die Ritter

Die Ritter entwickelten sich aus den schwer bewaffneten Panzerreitern der Franken.

ständige Kriege | *Bedrohung von außen*

Der König brauchte:

- *Männer zur Verteidigung und Sicherung des Landes*
- *Männer, die mit Waffen gut umgehen konnten*
- *Männer, die ihm treu ergeben waren*

Waffen und Rüstungen wurden immer aufwendiger!

teuere Ausrüstung

langjähriges Training

- *bekamen Burg und Umland zum Lehen*
- *mussten sich so um ihre Versorgung nicht mehr kümmern*
- *waren ihrem Herrn dafür zur Treue verpflichtet*

Schutz der Bevölkerung

Zeichen der Macht

Verteidigungsanlage

Wohnraum für Ritter und Personal

von 1 100 bis 1 300 entstanden etwa 10 000 Burgen

GSE

Der Ritter

Wie wurde man Ritter?

Der Ritter hatte viele Aufgaben:

GSE

Der Ritter

ritterlicher Krieger	höfischer Mensch	gläubiger Christ

Wie wurde man Ritter?

Page	Knappe	Ritter
8. bis 14. Lebensjahr	14. bis 21. Lebensjahr	Schwertleite
höfisches Benehmen	Umgang mit Schwert,	Ritterschlag
ritterliche Zucht	Schild, Lanze und Bogen	
Jagen und Reiten	begleitet seinen Herrn	
Lesen und Schreiben		

Die Ausbildung erfolgte bei einem anderen Ritter.

Der Ritter hatte viele Aufgaben:

er kämpfte treu für seinen Lehensherrn

er verwaltete für ihn sein Lehen

er beschützte Witwen und Waisen

er verteidigte das Recht

er leistete Minnedienst

er pflegte gute Umgangsformen

Ausbildung und Ideale der Ritter wurden zum Vorbild für andere Stände und wirken bis heute. Die Blütezeit des Rittertums lag zwischen 1 100 und 1 300.

Der 1. Kreuzzug

① Wie kam es zum 1. Kreuzzug?

② Warum zogen die Ritter ins Heilige Land?

③ Was waren die Folgen dieses Kreuzzuges?

Der 1. Kreuzzug

① Wie kam es zum 1. Kreuzzug?

Die Türken hatten das Heilige Land besetzt und erschwerten den Christen Europas den Besuch der heiligen Stätten.

Papst Urban II. rief zum Kreuzzug auf.

Gott will es!

1096

② Warum zogen die Ritter ins Heilige Land?

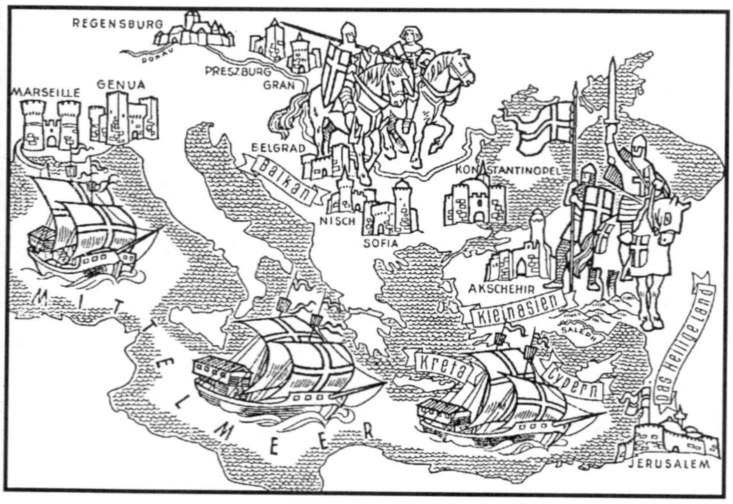

Befreiung des Heiligen Landes

Vergebung der Sünden

Schuldenerlass

Drang nach Abenteuern

Wunsch auf Beute und Landbesitz

③ Was waren die Folgen dieses Kreuzzuges?

1099

1099 wurde Jerusalem blutig erobert.

Der Gegensatz zwischen Muslims und Christen verschärfte sich.

Im Heiligen Land wurden kleine Kreuzfahrerstaaten gegründet.

Zur Sicherung waren weitere Kreuzzüge nötig.

Nur jeder zehnte Kreuzfahrer kehrte lebend zurück.

Der Handel mit dem Orient begann

Der erste Kreuzzug

Wilhelm von Tyrus, ein Augenzeuge, hat die Rede von Papst Urban II mitnotiert.

"Das Volk der Sarazenen, ein gottloses Volk, hat die Wiege unseres Heils, das Vaterland des Herrn, das Mutterland unserer Religion in seiner Gewalt und hält die Gläubigen in Unterdrückung und Knechtschaft. Der Tempel des Herrn, aus dem er damals die Händler vertrieben, damit das Haus seines Vaters nicht eine Mördergrube werde, ist ein Sitz des Teufels geworden. Die ehrwürdigen Orte sind in Schafkrippen und Viehställe verwandelt. Dem auserwählten Volk werden die Söhne entrissen und gezwungen, heidnischer Unreinheit dienstbar zu sein und den Namen des lebendigen Gottes zu verleugnen.
Darum bewaffnet euch, liebe Brüder, mit dem Geiste Gottes, gürtet eure Schwerter um und leistet dem Herrn Gefolgschaft! Ziehet aus und der Herr wird mit euch sein! Wendet die Waffen, mit denen ihr in sträflicher Weise Bruderblut vergießt, gegen die Feinde des christlichen Namens und Glaubens. Erkauft euch mit wohlgefälligem Gehorsam die Gnade Gottes, dass er euch eure Sünden um solch frommer Werke willen schnell vergebe.
Wir aber erlassen allen gläubigen Christen, die gegen die Heiden die Waffen nehmen und sich der Last dieses Pilgerzuges unterziehen, alle die Strafen, welche die Kirche für ihre Sünden über sie verhängt hat. Und wenn einer dort in wahrer Bußfertigkeit sein Leben lässt, so darf er fest glauben, dass ihm die Vergebung seiner Sünden und die Frucht des ewigen Lebens zuteil werden wird.
Diejenigen, die im Glaubenseifer jenen Kampf auf sich nehmen wollen, stellen wir unter den Schutz der heiligen Kirche. Sie sollen vor jedem Angriff auf ihr Eigentum oder ihre Person sicher sein."

In den Würzburger Jahrbüchern aus dem Jahre 1096 ist zu lesen:

Sie hatten die verschiedensten Absichten. Einige, die alles Neue liebten, gingen, um neue Länder zu sehen. Andere, die Armut und häusliche Enge antrieben, wollten nicht nur gegen die Feinde von Christi Kreuz, sondern gegen beliebige Freunde des christlichen Namens kämpfen, nur um ihre Armut zu lindern. Andere wieder, die von Schulden niedergedrückt wurden oder den schuldigen Herrendienst loszuwerden trachteten oder auch für ihre Schandtaten die verdiente Strafen erwarteten, bemühten sich besonders, die Last so vieler Sorgen zu unterdrücken. Nur mit Mühe fand man wenige, die eine heilige und heilbringende Absicht leitete.

① Erkläre aufgrund der Rede des Papstes, welche Einstellungen die Menschen zu diesem Krieg haben mussten und was die Kirche den Teilnehmern versprach.

② Beschreibe, warum es nach deiner Auffassung zur großen Kreuzzugsbegeisterung kam.

③ Vergleicht die Motive aus den Würzburger Jahrbüchern mit denen der Rede des Papstes!

Der erste Kreuzzug

Mit dem Ruf "Gott will es!" und mit roten Stoffkreuzen auf den Rüstungen waren die einzelnen gut ausgerüsteten Ritterheere aufgebrochen. Die deutschsprachigen Ritter wählten den Landweg, die französischen und italienischen Ritter den Seeweg. In Byzanz vereinigten sie sich. Dort wurden sie höflich empfangen, bekamen Quartiere und frische Verpflegung zugewiesen. Der oströmische Kaiser ließ die Kreuzfahrer erst weiterziehen, nachdem sie ihm den Lehenseid schwuren. Nicht ohne Grund misstrauisch verfolgte er fortan den Weg der Ritter. (Beim vierten Kreuzzug eroberten die Kreuzritter dann das christliche Konstantinopel.)
Auf dem Zuge durch die felsigen Wüsten Kleinasiens erlitten die Kreuzfahrer unsägliche Mühsale. Unter der Glut der Sonne ermatteten Reiter und Rosse. Hungersnot und Wassermangel verursachten Seuchen. Türkische Reiterscharen brachen aus dem Hinterhalt. Erschöpfte, kranke und verwundete Männer blieben am Wege liegen und starben. Am 7. Juni 1099 erreichten die Reste des völlig erschöpften Heeres die Stadt Jerusalem. Fast fünf Wochen tobte der Kampf vor den Mauern. Dann konnten die 'Streiter Gottes' in die Stadt eindringen.

Wilhelm von Tyrus berichtet über die Eroberung Jerusalems:

„Herzog Gottfried, der erlauchte und herrliche Mann, drang vor allen anderen in die Stadt und ermahnte die übrigen, ihm nachzufolgen.... Wie die Feinde sahen, dass die Unsern die Mauern besetzt hatten und dass der Herzog bereits mit seinem Heere in die Stadt eingebrochen war, flüchteten sie von den Türmen und Mauern nach den Engpässen der Straßen. Sofort durchzogen der Herzog und die, welche mit ihm waren, in geschlossenen Reihen, mit gezückten Schwertern und mit Schilden und Helmen bedeckt, die Straßen und Platze der Stadt und streckten alle Feinde, die sie finden konnten, ohne auf Alter und Rang Rücksicht zu nehmen, mit der Schärfe des Schwertes nieder. Und es lagen überall so viele Erschlagene und solche Haufen abgeschlagener Köpfe umher, dass man keinen anderen Weg oder Durchgang mehr finden konnte als über Leichen. Auch diejenigen, die sich in den Tempel Salomons geflüchtet hatten, entgingen dem Blutbad nicht. Sie drangen mit einer Menge von Reitern und Fußgängern herein und stießen, ohne jemand zu schonen, was sie fanden, mit den Schwertern nieder und erfüllten alles mit Blut. Es war dies ein gerechtes Urteil Gottes, dass die, welche das Heiligtum des Herrn mit ihren abergläubischen Gebräuchen entweiht und dem gläubigen Volk entzogen hatten, es mit ihrem Blute reinigen und den Frevel mit ihrem Tode sühnen mussten.... Wie nun die Stadt unterjocht und die Burger getötet waren, . . . legten sie die Waffen nieder, wuschen sich die Hände, zogen reine Kleider an und gingen dann demütigen und zerknirschten Herzens, unter Seufzern und Weinen, mit bloßen Füßen an den ehrwürdigen Orten umher, welche der Erlöser durch seine Gegenwart hatte heiligen und verherrlichen wollen und küssten sie mit großer Andacht."

① Von rund 330 000 Kreuzfahrern, die 1096 Europa verlassen hatten, erreichten nur etwa 40 000 das Heilige Land. Was meinst du dazu?

② Wie lässt sich das Gemetzel in Jerusalem mit dem christlichen Gedanken der Nächstenliebe vereinbaren?

③ In Jerusalem kommt es auch heute noch zu Unruhen. Informiere dich!

Start
Ritter und Kreuzzüge
Ziel

Zu den Kreuzzügen

Viel Neues sahen die Kreuzfahrer im Morgenland!

Unter den Kreuzzügen versteht man die im Mittelalter von der Kirche propagierten oder unterstützten Kriege gegen Ungläubige oder Ketzer.
Nach dem Aufruf Papst Urbans II. begann der 1. Kreuzzug (1096-99) als Volkskreuzzug (Judenverfolgungen bes. im Rheinland) und endete nach der Errichtung von Lehnsstaaten (Edessa, Antiochia, Tripolis) am 15. 7. 1099 mit der Einnahme Jerusalems. Der 2. Kreuzzug (1147-49), zu dem nach der islamischen Rückeroberung Edessas Bernhard von Clairvaux aufrief, scheiterte bereits auf dem Marsch durch Kleinasien. Der unter Führung Friedrich Barbarossa unternommene 3. Kreuzzug (1189-92), dem die Einnahme Jerusalems durch Sultan Saladin (1187) voranging, führte zur Eroberung von Akkon. Der 4. Kreuzzug (1202-04) erreichte das Hl. Land nicht, sondern führte auf Betreiben des venezianischen Dogen Enrico Dandolo zur Eroberung Konstantinopels. Den 5. Kreuzzug unternahm Friedrich II. 1228/29 nach der Bannung durch Papst Gregor IX.; er erreichte einen zehnjährigen Friedensver-trag und die Übergabe u.a. von Bethlehem, Nazareth und Jerusalem (1244 wieder verloren). Auf dem 6. Kreuzzug (1248-54) geriet Ludwig IX. von Frankreich nach der Eroberung von Damiette (Ägypten) mit seinem Heer in Gefangenschaft und wurde gegen Lösegeld freigelassen. Der 7. Kreuzzug gegen Tunis 1270 endete mit der muslimischen Einnahme Akkons 1291.
Die vordergründig religiös, aber auch politisch, sozial und wirtschaftlich motivierten Kreuzzüge, zu denen auch der Kinderkreuzzug von 1212 gerechnet wird, erzielten keine anhaltenden Erfolge, führten aber zur Berührung des Abendlandes mit der islamischen Welt.

So stellte man sich vor knapp 100 Jahren einen Ausritt zum Kreuzzug vor!

Stadt und Land

- ❍ Die Merkmale einer Stadt kennen lernen
- ❍ München als Landeshauptstadt näher betrachten
- ❍ Mit fachspezifischen Methoden arbeiten
- ❍ Fachbegriffe kennen lernen

❶ **Kennzeichen einer Stadt** Herausarbeiten der Kennzeichen Unterbegriffe den Oberbegriffen zuordnen		AB (S. 100)
❷ **Wir planen einen Stadtrundgang** UG: Welche Vorbereitungen sind notwendig ? Ideensammlung und Strukturierung, Aufgabenverteilung		AB (S. 101)
❸ **Wissenswertes über München** PA: Lesen der Texte, Zuordnen der Gebäude Lösung am Ende des Kapitels		AB (S. 102) ✎*Lösung S.110*
❹ **Menschen in München** Lesen mit verteilten Rollen, Bearbeiten der Aufgaben UG: Die Situationen mit dem eigenen Alltag vergleichen Eigenen Text über persönliche Erfahrungen erstellen		AB (S. 103)
❺ **Ein Rallye durch München** UG: In der Klasse besprechen, wie die Rallye ablaufen kann Stadtplan dazunehmen / Einteilung in Gruppen		AB (S. 104) ✎*Lösung S.110*
Eine Rallye durch München: Teil 2 Lösung am Ende des Kapitels		AB (S. 105) ✎*Lösung S.110*
❻ **In München gibt es viel zu sehen!** Historische Bauten, wichtige Gebäude, Museen und Galerien		Infoblatt S. 106 Vorlage S. 107
❼ **Was weißt du über das Leben in der Stadt ?** Lückentext ergänzen / Lösung am Ende des Kapitels		AB (S. 108) ✎*Lösung S.110*
❽ **Begriffe, die zur Stadt gehören** Klärung der Begriffe mit Hilfe des Schülerbuches oder Lexikons PA: Gegenseitiges Abfragen / spielerisches Zuordnen in Form eines Memory o.Ä.		AB (S. 109)
Erklärungen zu den Stadt-Begriffen		AB (S. 110)
❾ **Wir führen eine Kartierung durch** Klären, was eine Kartierung ist Schritte mit den Schüler/innen besprechen Einteilung in Gruppen und Stadtteile		AB (S. 111)
❿ **Lösungen** zu folgenden Seiten: Wissenswertes über München; Rallye durch München; was weißt du über das Leben in der Stadt ?		

GSE

Kennzeichen einer Stadt

Wohnungen

Handel

Bildung

Arbeitsstätten

Verkehr

Verwaltung

Erholung

Ordne die folgenden Unterbegriffe den oben aufgeführten Kennzeichen einer Stadt zu:

Universität, Theater, Bauamt, Kaufhäuser, Fabriken, Kirchen, Sportplätze, Reihenhäuser, Büros, Standesamt, Straßennetz, Museen, Hochhäuser, Kinos, öffentliche Verkehrsmittel, Schulamt, Geschäfte, Wohnblöcke, Schulen, Gaststätten, Supermärkte, Handwerksbetriebe, Schwimmbäder, Büchereien, Einwohnermeldeamt, Einfamilienhäuser, ...

GSE

Wir planen einen Stadtrundgang

Vorbereitungen:

- Stadtplan besorgen

- weiteres Informationsmaterial mitbringen: Bücher, Bilder, Broschüren, Karten ...

- Sehenswürdigkeiten heraussuchen: Dazu in der Klasse Minireferate verteilen, so dass man vor Ort kurze Informationen erhält

- gemeinsam überlegen: Was interessiert uns am meisten ? Wir können nicht alles ansehen und müssen Schwerpunkte bilden.

- Fortbewegung in der Stadt: Welche Verkehrsmittel stehen uns zur Verfügung ?
  Möglichkeiten:
  1. Zu Fuß durch die Altstadt
  2. Mit dem Bus in die umliegenden Stadtteile
  3. Mit öffentlichen Verkehrsmitteln

  Vor- und Nachteile überlegen: Kosten, Zeit, Beweglichkeit

- Route auswählen: auf dem Stadtplan einzeichnen, wichtige Punkte notieren, Referatsstellen gesondert markieren (z.B. Information über die Theatinerkirche, Stopp auf dem Odeonsplatz)

- besondere Zeiten beachten: z.B. 11.00 Uhr am Marienplatz, neues Rathaus, Glockenspiel; Öffnungszeiten beachten, Führungen einplanen

- Aussichtspunkte: auswählen, auf welchen Aussichtsturm man steigen möchte, Preisunterschiede und Zeiten beachten (Peterskirche, Frauenkirche, Olympiaturm)

- Pausen einplanen, Picknick oder einkehren, Parkanlagen einplanen: Englischer Garten, Hofgarten, Alter Botanischer Garten, Isarauen

- weitere interessante Stadtteile, außerhalb liegende Sehenswürdigkeiten heraussuchen: Theresienwiese, Olympiazentrum, Tierpark, Schloss Schleißheim, Schloss Nymphenburg, Schwabing, Westpark, Haidhausen

- sich mit dem öffentlichen Verkehrsnetz vertraut machen: gegenseitig Aufgaben stellen, wie man was erreicht: z.B. Wie komme ich am schnellsten nach Thalkirchen ?

GSE

Wissenswertes über München

Was ist es ?
In diesem Gebäude befindet sich die Geschichte der Stadt München. Aber auch vieles andere wurde hier gesammelt und ausgestellt, aus vergangenen Zeiten. So kann man etwas über Puppen, Musik und Photos erfahren.

Was ist es ?
Das Gebäude steht auf einer Insel. Es wurde 1903 gebaut. In verschiedenen Geschossen werden unterschiedliche Wissensgebiete dargestellt. Ein Tag reicht nicht aus, um alles wirklich zu sehen und auszuprobieren.

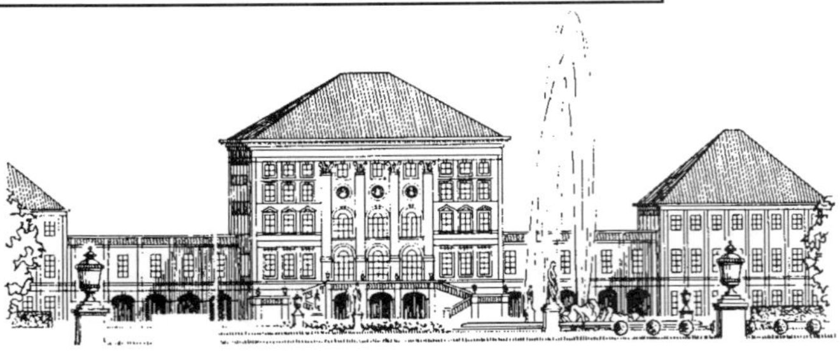

Was ist es ?
Hier kann man einen Ausflug in andere Welten unternehmen. Ferne Länder werden hier lebendig und man kann viele fremde Gegenstände und Gebräuche kennen lernen. Verschiedene bayerische Herrscher sammelten diese Objekte. Immer wieder kann man neue und interessante Dinge entdecken. Es ist eines der größten Museen seiner Art.

Was ist es ?
Eine lange Entstehungszeit liegt diesem Gebäude zugrunde. Deshalb finden sich hier auch ganz verschiedene Stilepochen und Gebäudekomplexe. In den Gebäuden sind heute Theater und Museen untergebracht. Außerdem gibt es schöne Höfe zu besichtigen. Es liegt sehr zentral in der Altstadt und ist auch von außen sehenswert.

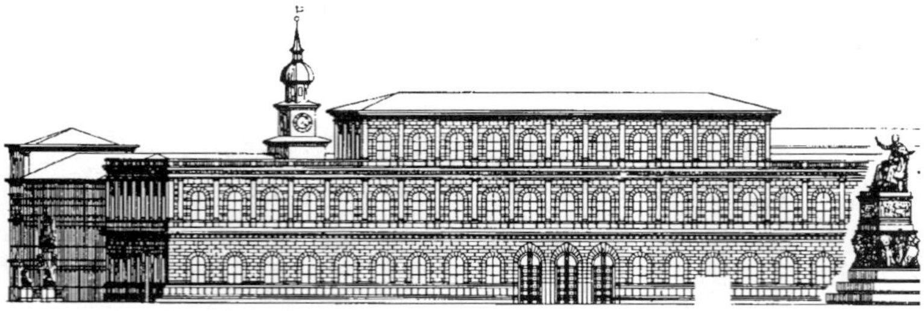

Was ist es ?
1910/11 wurde er angelegt, in die ursprüngliche Landschaft des alten Isarflusslaufes. Es finden sich hier Lebenswelten verschiedener Erdteile mit vielen sehenswerten Arten. Auch verschiedenste Häuser befinden sich auf dem Gelände.

Was ist es ?
In München finden sich zahlreiche Schlösser. Eines von ihnen entstand als Sommerresidenz der Wittelsbacher Kurfürsten. Es liegt in einem schönen Park,mit einer sehenswerten Anlage. Auch das Innere kann man besichtigen! Im Winter tummeln sich immer viele Menschen auf den zugefrorenen Kanälen.

GSE

Menschen in München

Bürger und Bürgerinnen berichten von ihrem Leben in der Stadt:

Frau Maurer, Rentnerin: Ich bin erst nach dem Krieg nach München gekommen, vom Land, wo ich aufgewachsen bin. Hier in der Stadt wohne ich jetzt im Osten, da habe ich alles, was ich brauche, Geschäfte, einen Park, in dem ich spazieren gehen kann, meine Be-kannten und Freunde. Wenn ich mal ins Theater möchte, kann ich gut mit der U-Bahn dorthin fahren, da benötige ich kein Auto.

Herr Rohrer, Hausmeister: In München ist es schwer, eine Wohnung zu finden. Die Mieten sind so hoch, das kann man sich als normal verdienender Arbeitnehmer gar nicht leisten. In unserem Block, den ich betreue, da sehe ich, wie froh die Leute sind, wenn sie überhaupt ein Dach über dem Kopf haben. Wenigstens muss man nicht weit laufen, hier gibt es viele Möglichkeiten, günstig einzukaufen.

Frau Mehnert, Hausfrau und Mutter: Wir wohnen in einem Neubauviertel außerhalb der City. Für die Kinder ist das besser, hier gibt es Spielplätze und verkehrsberuhigte Zonen. Auch die Schule ist gut zu erreichen und Kindergartenplätze wurden eingerichtet. Man kann auch mal schnell in die Stadt fahren; mit den öffentlichen Verkehrsmitteln kein Problem.

Karl, Student: In München zu studieren hat seine Vor- und Nachteile. Zum einen ist das Angebot hier sehr groß, so dass man auch in andere Studiengänge schnuppern kann. Zum anderen ist es sehr teuer, Wohnung, Lebenshaltungskosten, abends mal weggehen. Natürlich genieße ich auch das kulturelle Angebot, Theater, Kinos, Konzerte. Am Wochenende fahre ich gern raus, im Winter zum Skifahren, im Sommer zum Baden.

Verena, Schülerin: Zur Schule fahre ich mit der S-Bahn, da trifft man dann gleich Mitschüler. In der Freizeit gehe ich gerne zum Eislaufen oder Squashen, da gibt es in München genug Möglichkeiten. Auch zum Schwimmen oder Skaten treffen wir uns am Nachmittag. Um das Ganze zu finanzieren hab' ich einen Job, abends in einer Kneipe.

Aufgaben:

1. Welche Einrichtungen der Stadt München erwähnen die Bewohner ?
2. Suche heraus, was München für die Freizeit bietet.
3. Welche Probleme bringt das Leben in einer Stadt mit sich ? Du kannst sie aus den Stellungnahmen der Betroffenen heraushören.
4. Überlege und notiere, was für deinen Wohnort zutrifft.

Eine Rallye durch München

Start: Neues Rathaus / Marienplatz

Wir gehen los in Richtung Stachus, vom Rathaus aus gesehen rechts, auf der Kaufingerstraße. Was befindet sich nach ca. 150 Metern auf der rechten Seite, ein wenig zurückgelegen :

____

Wie heißt das Museum, das kurz darauf auf der ebenfalls rechten Seite liegt:

____

Wir gehen weiter auf der Straße, die nun ihren Namen wechselt:

____

Jetzt geht es durch ein Tor, das aus dem 14. Jahrhundert stammt und dem dann folgenden Platz seinen Namen gibt:

____

Nun biegen wir nach rechts, an einigen kleinen Läden vorbei, mit Blick auf den Justizpalast und den Lenbachplatz. Hier biegen wir in die Pacellistraße und gelangen zum:

____

Vorsicht, jetzt gehen wir an den Gleisen der Straßenbahn weiter, bis wir auf die Theatinerstraße kommen. Diese Straße führt in Richtung Norden, wir gelangen zum Odeonsplatz. Hier befinden sich :

____

Du weißt sicherlich, welcher Kunststil an der Kirche vorherrscht und wann sie erbaut wurde:

____

Auf der linken Seite, wenn wir die Ludwigstraße stadtauswärts gehen, sehen wir ein Denkmal:

____

Wir gehen bis zur Galeriestraße, in die wir rechts einbiegen. Diese Straße endet mit Blick auf ein Gebäude, das früher eine andere Aufgabe hatte:

____

Wenn wir uns links halten würden, kämen wir in einen herrlichen Park, der sich bis in den Norden von München erstreckt, wenn er dort dann auch seinen Namen wechselt:
Park:____________________ 2.____________________

GSE

Eine Rallye durch München: Teil 2

Wir wenden uns nun nach rechts und gehen durch den Hofgarten, mit seinen Springbrunnen und herrlichen Arkadengängen. Wenn wir einmal diagonal den Garten durchquert haben, stehen wir vor der Residenz. In ihr befinden sich insgesamt acht verschiedene Höfe:

Welche Figuren stehen am Eingang, der sich auf der Residenzstraße befindet ?

Wenn wir an der alten Residenz entlanggehen, gelangen wir auf den Max-Joseph-Platz, auf dem sich zwei bekannte Münchner Theater befinden:

Nachdem wir den Platz überquert haben, gelangen wir auf die Maximilianstraße, eine luxuriöse Einkaufsstraße, an deren Ende wir ein bekanntes Gebäude entdecken können:

Aber so weit wollen wir nicht gehen, wir überqueren die Straße und biegen in den Hofgraben ein. Hier befinden sich der Münzhof und der sogenannte Alte Hof, das war die ...

Die Sparkassenstraße führt uns fast zu unserem Ausgangspunkt zurück. Doch zunächst sehen wir uns noch zwei bekannte Kirchen an, die erste wurde 1392 gebaut und 1727 umgebaut, die zweite bietet einen herrlichen Ausblick - und ist die älteste Pfarrkirche Münchens:

Wir sollten nicht vergessen, einen Blick nach rechts zu werfen, zum Viktualienmarkt, auf dem viele interessante Figuren stehen. Dann biegen wir ins Rosental ein und gelangen über die Nieserstraße zum Stadtmuseum. Welche Sammlungen befinden sich hier ?

Zurück zum Ausgangspunkt gehen wir über die Pettenbeckstraße und Rosenstraße zum Marienplatz, wo im Sommer zweimal am Tag das Glockenspiel erklingt. Wann ?

In München gibt es viel zu sehen!

Sehenswürdigkeiten, historische Bauten, touristisch wichtige Gebäude

Propyläen (1862)
Justizpalast (1897)
Matthäus-Kirche (1955). *Evangelische Bischofskirche*
Obelisk (1833)
Dreifaltigkeitskirche (1718)
Karlstor (14. Jahrh.)
Bürgersaal (Kirche, 1710)
Alte Akademie (1597)
Michaelskirche (1597). *Repräsentativster Renaissance Kirchenbau Deutschlands, Fürstengruft*
Damenstiftskirche (1735)
Asamkirche mit Asam-Haus (1746). *Von den Brüdern Asam gestiftetes Rokokobauwerk*
Sendlinger Tor (14. Jhdt.)
Theatinerkirche (1675). *Italienischer Barock, Fürstengruft*
Feldherrnhalle (1844)
Preysing Palais (1728)
Residenz: *Der im 16. bis 19. Jhdt. entstandene Gebäudekomplex ist ein einzigartiges Dokument europäischer Kulturentwicklung, in dem sich die Stilepochen der Renaissance, des Barocks, Rokokos und Klassizismus widerspiegeln.*
Erzbischöfliches Palais (1737)
Ehemalige Hauptpost
Frauenkirche (1488). *Wahrzeichen Münchens und Fundgrube an Kunstschätzen*
Alter Hof (1255) *Erste herzogliche Residenz*
Neues Rathaus (1909): *Täglich 11 Uhr Glockenspiel (Von Mai bis Oktober auch 12 und 17 Uhr)*
Altes Rathaus (1474)
Peterskirche (11. Jahrh.) *Älteste Münchner Pfarrkirche mit Innenausstattung von berühmten Meistern*
Heiliggeistkirche (1392, umgebaut 1725)
Ludwig-Maximilians-Universität (1840)
Ludwigskirche (1844)
Staatsbibliothek (1843)
Prinz-Carl-Palais (1805)
Münzhof (1567)
Hofbräuhaus (1896)
Isartor (14. Jhdt.)

Museen, Galerien, Sammlungen

Galerie im Lenbachhaus. *Münchner Malerei des 19. und 20. Jahrh. (Kandinsky u. Maler des Blauen Reiters), Sonderausstellungen*
Glyptothek (1830)
Antikensammlungen (1848). *Griechische, römische und etruskische Kleinplastik, Vasen, Schmuck*
Neue Pinakothek. *Malerei und Skulptur des 18. und 19. Jahrhunderts*
Alte Pinakothek (1836). *Eine der bedeutendsten Gemäldegalerien der Welt*
Staatl. Graphische Sammlung
Deutsches Jagd- und Fischereimuseum
Museum "Reich der Kristalle"
Siemens-Museum
Residenzmuseum. *Fürstliche Raumausstattungen und bedeutende Porzellansammlungen*
Staatl. Sammlung ägyptischer Kunst
Staatliche Münzsammlung
Schatzkammer der Residenz. *Goldschmiede- und Steinschneidekunst aus zehn Jahrhunderten*
Kunsthalle der Hypo-Kulturstiftung
Spielzeugmuseum
Stadtmuseum (1493). *Geschichte und Kulturgeschichte der Stadt, Puppentheater-, Mode-, Musikinstrumenten-, Photo- und Filmmuseum, Sonderausstellungen*
Theatermuseum
Valentin-Musäum
Deutsches Museum (1925). *In seiner Art das größte technische und naturwissenschaftliche Museum der Welt*
Staatsgalerie moderner Kunst. *Internationale Malerei und Plastik des 20. Jahrhunderts (Picasso, Beckmann, Moore)*
Haus der Kunst. *Ausstellungen*
Prähistorische Staatssammlung
Die Neue Sammlung. *Museum für angewandte Kunst*
Bayerisches Nationalmuseum (1900). *Kunstgeschichtliche und volkskundliche Sammlungen vom Mittelalter bis zum 19. Jahrhundert (u.a. bedeutende Krippensammlung), Sonderausstellungen*
Museum für Völkerkunde

Ansichten Münchens

Berg am Laim

Alt-Schwabing

Hexenhäusl in Giesing

beim Winthirkirchlein

am Wiener Platz in Haidhausen

am Sendlinger Berg um 1900

GSE

Was weißt du über das Leben in der Stadt ?

Text 1:

Eine Stadt besteht aus verschiedenen ____________ . Die Innenstadt hat einen eigenen Namen, man bezeichnet sie als ______ . Dort befinden sich meist Geschäfte, weniger Wohnraum. Der liegt mehr im Umland, von wo aus Pendler täglich zu ihrem Arbeitsplatz fahren. Dazu benutzen sie entweder ihr eigenes Auto oder sie benutzen die ________________________ . Meist liegen am ___________ die Gewerbe- und __________ _________ . Dort gibt es genügend Parkmöglichkeiten und so versucht man die Staugefahr unter Kontrolle zu bekommen. Zu einer Stadt gehören auch __________________ , zu denen Parks und ______________________ zählen.

Setze folgende Begriffe ein:

Text 1: Stadtteilen ; Stadtrand ; Erholungsgebiete ; City ; Industriegebiete ; Freizeitzentren ; öffentliche Verkehrsmittel

Text 2: Ausbildungsstätten ; Geschäfte ; Einrichtungen ; Freizeitmöglichkeiten ; Universitätsviertel ; Verkehrsnetz ;

Text 2:

Außerdem bietet die Stadt viele ________________________ . Hier kann man seinen Interessen nachgehen, sportlicher und kultureller Art. So gibt es Sportplätze, Schwimmbäder und Kinos, Theater und Museen. Viele Städte bieten für die Ausbildung unterschiedlichste Schulen und _________________ an. In größeren Städten finden sich Universitäten und Fachhochschulen. In den ______________________ finden sich viele ___________ wie z.B. Buchhandlungen, Begegnungsstätten, Cafés, Gaststätten und kleinere Wohnungen. Auch ein großes öffentliches _______________ ist wichtig, um den Menschen den Zugang zu den _________________ und Angeboten zu erleichtern.

GSE

Begriffe, die zur Stadt gehören:

- Slums
- Naherholungsgebiete
- Stadtviertel
- Umland
- Individualverkehr
- City
- Standortfaktoren
- Pendler
- Wohnviertel
- Gewerbe- und Industriegebiet

Erklärungen zu den Stadt - Begriffen

Damit ist das Land um eine Stadt herum gemeint. Viele Menschen fahren täglich von hier aus zur Arbeit. Neben einem guten Verkehrsnetz und öffentlichen Verkehrsmitteln sind auch Einkaufsmärkte vorhanden.

Die Stadt teilt sich meist in ganz unterschiedliche Viertel, die oft verschiedene Aufgaben haben. So gibt es Viertel, in denen die Menschen vorwiegend leben und in anderen wird hauptsächlich gearbeitet.

Damit wird ein Teil der Stadt bezeichnet, der in der Innenstadt liegt. Diese Bezeichnung verwendet man hauptsächlich für Großstädte. In diesem Teil der Stadt finden sich vorwiegend Geschäfte, Büros, Versicherungen, Kinos....

Zu diesem Verkehr zählt man Fahrzeuge, mit denen man sich fortbewegen kann: Autos, Fahrräder, Motorräder. Im Gegensatz dazu steht der öffentliche Verkehr, der eine große Anzahl von Personen befördert.

Hier sind Gebiete gemeint, die in der Nähe von Großstädten liegen. Meist bieten sie Freizeitangebote und sind gut erreichbar. Sie liegen in der Natur, an Seen und Wäldern und bieten so Erholung für den Menschen aus der Stadt.

Damit bezeichnet man eine Bevölkerungsgruppe, die ständig zwischen zwei Orten hin- und herfährt. Die Ziele können unterschiedlich sein, so fährt der eine täglich zur Arbeit, der andere zur Schule oder zum Einkaufen.

In diesem Gebiet finden sich unterschiedliche Niederlassungen von Industrien und Firmen. Diese Viertel haben sich entwickelt, weil dort die Standorte günstiger sind. Es finden sich leichter Parkplätze und die Mieten sind billiger.

In diesem Viertel leben zumeist Menschen in ganz unterschiedlichen Wohnformen. So kann in einem Viertel ein hoher Anteil Mietshäuser sein. In einem anderen gibt es mehr Einfamilienhäuser. Oft finden sich dort auch Einkaufsmöglichkeiten.

Damit bezeichnet man Elendsviertel, die am Rande von Großstädten liegen. Hier leben die Menschen in armseligen Verhältnissen, oft ohne fließendes Wasser und Strom. Die Häuser sind aus Wellblech und schützen kaum vor Kälte und Regen.

Diese Faktoren sind die Einflüsse, die darauf einwirken, wie ein Gebiet genutzt wird. So ist es für einen Betrieb wichtig, dass genug Arbeitskräfte in der Nähe wohnen und eine gute Verkehrsanbindung vorhanden ist.

Wir führen eine Kartierung durch

Straßenzüge können unterschiedliche Nutzungen aufweisen - das kannst du auf recht einfache Weise herausfinden. Mit Hilfe von aufeinander folgenden Schritten wird das hier kurz erläutert:

1. Schritt: Du benötigst folgendes Material: Stifte, Notizblock, den unten aufgezeichneten Kartierungsbogen, Straßenkarte, eventuell Photos oder eine Kamera.

2. Schritt: Eine Legende muss erarbeitet werden, damit alle Gruppen, die unterwegs sind, auf der gleichen Grundlage ihren Kartierungsbogen ausfüllen.

ZUM BEISPIEL: Einigt euch über die Farben, die ihr benutzt, um Wohnungen (blau), Geschäfte (grün), Büros (gelb), Gaststätten (rot) oder öffentliche Einrichtungen (braun) zu kennzeichnen.

3. Schritt: Teilt die Straßenzüge ein, sucht unterschiedliche Gegenden aus, damit ihr euch ein Bild von der Nutzung der jeweiligen Stadtteile/-viertel machen könnt.

4. Schritt: Füllt den Kartierungsbogen aus. Notiert euch weitere Auffälligkeiten und eure Überlegungen, die ihr während der Arbeit anstellt.

5. Schritt: Wertet eure Arbeiten in der Klasse aus. Erstellt einen groben Stadtplan auf einem Plakat und hängt eure Ergebnisse zu den jeweiligen Straßenzügen. So bekommt ihr einen guten Überblick über die Hauptnutzungen einzelner Straßenzüge.

Straßenname: ______________________________

Straßenseite liegt in welcher Himmelsrichtung? ______________________

Zahl der Stockwerke

13.																
12.																
11.																
10.																
9.																
8.																
7.																
6.																
5.																
4.																
3.																
2.																
1.																
Haus-Nr.																

Lösungen

Welche Sehenswürdigkeiten sind gemeint ?

Deutsches Museum, Schloss Nymphenburg, Tierpark Hellabrunn, Residenz, Völkerkundemuseum, Stadtmuseum

Eine Rallye durch München:

Start:

1. Frauenkirche (Dom und Stadtpfarrkirche 'Unserer Lieben Frau'
2. Jagdmuseum
3. Neuhauserstraße
4. Karlstor
5. Promenadeplatz
6. Theatinerkirche / Feldherrnhalle
7. italienischer Barock / 1663-75
8. König Ludwig I
9. Staatskanzlei / ehemaliges Armeemuseum
10. Englischer Garten / Hirschgarten

Seite 2:

- Kaiserhof, Apothekenhof, Brunnenhof, Kapellenhof, Königsbauhof, Küchenhof, Foyerhof, Grottenhof
- Löwen
- Neues Residenztheater / Nationaltheater
- Maximilianeum
- erste herzogliche Residenz
- Heiliggeistkirche / St. Peter
- Puppenmuseum, deutsches Brauereimuseum, Musikinstrumentensammlung, Photo- und Filmmuseum
- 11.00 Uhr / 17.00 Uhr

Das Leben in der Stadt

Reihenfolge der einzusetzenden Begriffe:

Text 1: Stadtteilen, City, öffentliche Verkehrsmittel, Stadtrand, Industriegebiete, Erholungsgebiete, Freizeitzentren

Text 2: Freizeitmöglichkeiten, Ausbildungsstätten, Universitätsvierteln, Geschäfte, Verkehrsnetz, Einrichtungen

Stadt und Land

- ❍ Die Kennzeichen des Lebens auf dem Land kennen lernen
- ❍ Einen Eindruck von dem Leben auf dem Land bekommen
- ❍ Fachbegriffe kennen lernen / Verschiedene Methoden einsetzen
- ❍ Vergleichen von Land- und Stadtleben

❶ Aus dem Leben eines Bauern UG: Welche Vorstellung vom Leben auf dem Land herrschen in der Klasse? AB/Folie: Vorurteile, allgemeine Ausssagen Eigene Meinung bilden / bewerten	AB (S. 114)
❷ Wir befragen einen Bauern Fragebogen besprechen und eventuell ergänzen	AB (S. 115)
❸ Freies Schreiben: Leben auf dem Land Buchstaben als Orientierung, weitere Begriffe finden	AB (S. 116)
❹ Bauern früher und heute AB ausfüllen / weitere Aspekte sammeln und ergänzen	AB (S. 117)
❺ Arbeit und Urlaub auf dem Land Folie: Meinungen sammeln / eigene Erfahrungen ergänzen eigenes Blatt für sich selbst in dieser Form entwerfen	AB (S. 118)
❻ Begriffe, die zum Land gehören Begriffe gemeinsam klären / als Spiel in der Gruppe oder PA Erklärungen zu den Land-Begriffen	AB (S. 119) AB (S. 120)
❼ Kreislauf: Vom Erzeuger zum Verbraucher Schema besprechen, eigene Vorstellungen / Erfahrungen mit einbringen, selbst einen möglichen Kreislauf entwerfen	AB (S. 121)
❽ Wir erkunden ein Dorf Fragebogen ausgeben und besprechen Gruppen bilden / Auswertung als Wandzeitung / Infoplakat	AB (S. 122)
❾ Ein Rollenspiel: Pro und contra Leben in der Stadt oder auf dem Land Anleitung zum Rollenspiel besprechen Verteilung der Rollen und besprechen, was beachtet werden sollte Reflexion / Erweiterung und Veränderung	AB (S. 123/124)
❿ Planspiel: Ein Neubaugebiet ist geplant UG: Was ist ein Planspiel ? Klärung der Methode Vorinfo beachten / Verteilen der Interessengruppen	AB (S. 125)
Planspiel: Die Bürgerversammlung Informationen zu den Interessengruppen lesen und ergänzen	AB (S. 126)
⓫ Rund um das Land: Tipps und Ideen Fächerübergreifendes, projektorientiertes Arbeiten als Anregung	AB (S. 127)
⓬ Freies Schreiben: Meine Gedanken zum Thema In Verbindung mit Deutschunterricht: Gedichte selbst schreiben	AB (S. 128)

Aus dem Leben eines Bauern

Aufgaben:

Hier sind einige Aussagen zum Leben eines Bauern. Nicht alle sind gut durchdacht. Überlege, was davon zutrifft, was deiner Meinung nach nicht stimmt oder was man anders formulieren könnte.

stimmt	stimmt nicht

GSE

Wir befragen einen Bauern

1) Welche Produkte erzeugen Sie? ______

2) Verkaufen Sie alle Produkte oder nutzen Sie einige selbst? ______

3) Ist dies ein Nebenerwerbsbetrieb? ______

4) Welche weiteren Verdienstmöglichkeiten haben Sie? ______

5) Beherbergen Sie Gäste in der Urlaubszeit? ______

6) Bedeutet das für Sie eine große Einschränkung? ______

7) Wer arbeitet mit auf dem Hof? ______

8) Haben Sie noch Angestellte? ______

9) Ist dieser Hof ein Zuerwerbshof? ______

10) Müssen Sie immer wieder neues Geld investieren? ______

11) Welche Tiere halten Sie? ______

12) Würden Sie gerne noch weitere Tiere halten? ______

13) Ist Bauer Ihr Traumberuf? ______

14) Wenn Sie plötzlich viel Geld hätten, was würden Sie am Hof verändern? ______

______

______

Freies Schreiben zum Thema: Leben auf dem Land

Ergänze die Buchstaben mit deinen Gedanken zum Thema. Du kannst ein Gedicht schreiben, einzelne Worte oder einen zusammenhängenden Text verfassen. Gestalte das Blatt mit eigenen Ideen aus.

L

e

b

e

n

a

u

f

d

e

m

L

a

n

d

Bauern früher und heute

Wie sieht das Leben der Bauern heute aus ? Überlege und notiere deine Gedanken. Suche nach weiteren interessanten Informationen von früher und vergleiche sie mit unserem Leben heute. Du kannst aus den Informationen auch ein Frage-Antwort-Spiel machen oder vielleicht fallen dir noch weitere Spielmöglichkeiten ein !

Um Ackerland zu gewinnen, mussten die Menschen die Wälder roden. Dies geschah mit einfachsten Geräten.	HEUTE
Das alltägliche Leben war durch die Arbeit bestimmt. Die Bauern versorgten sich mit fast allem selbst.	HEUTE
Einfache Streitfälle wurden in der Gemeindeversammlung abgeurteilt. In "Weistümern" stehen die Regeln für die Dorfgemeinschaft.	HEUTE
Den Dorfmittelpunkt bildete die Kirche. Meist war sie aus Holz gebaut. Um die Kirche herum lag der Friedhof, der von festen Mauern umgeben war.	HEUTE
Die meisten Bauern waren vom Grundherrn abhängig, dem sie Abgaben entrichten mussten und für den sie Dienste leisteten.	HEUTE
Die Menschen wurden viel häufiger krank. Es gab wenig medizinische Kenntnisse und idie Hygiene war noch unbekannt.	HEUTE

GSE ....

Arbeit und Urlaub auf dem Land

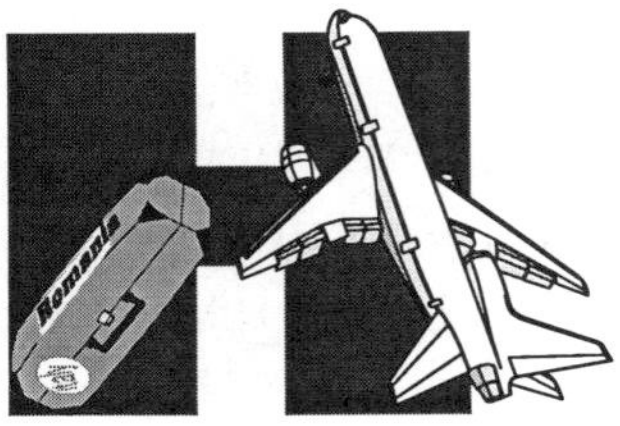

Urlauber / Urlauberin

frische Luft: gutes Essen; Natur;
saubere Umwelt; Tiere;
Ruhe; Erholung ;
Entspannung; ....

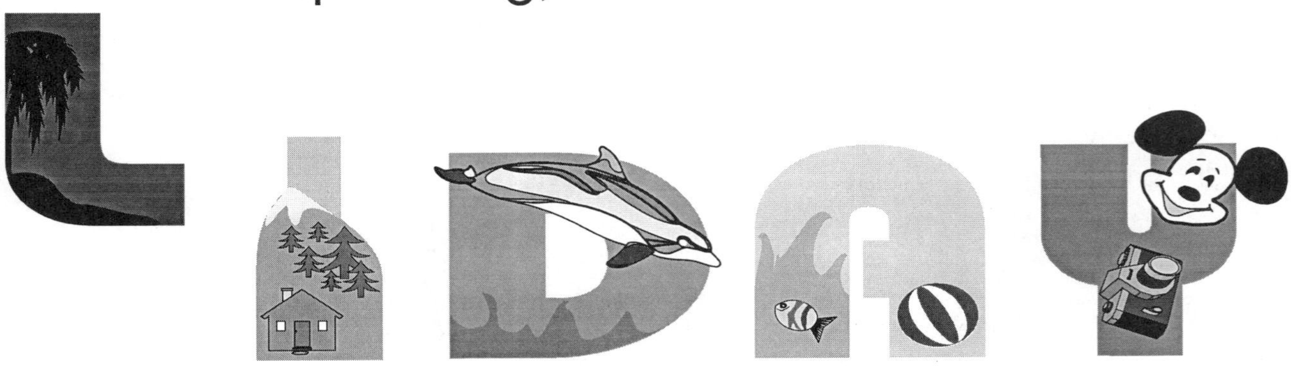

Bauer / Bäuerin

zusätzlich arbeiten; Existenz sichern;
Geld verdienen;
um Verständnis für die Landwirtschaft werben;
Tiere versorgen;
eigene Produkte verwerten;

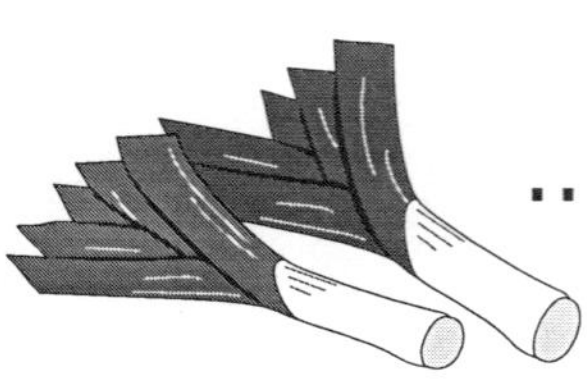

....

Aufgaben:

1. Verfasse mit Hilfe der Stichwörter einen Bericht über die unterschiedlichen Sichtweisen des Landlebens.
2. Ergänze noch weitere Punkte, vielleicht kannst du eigene Erfahrungen mit einbringen.

GSE

Begriffe, die zum Land gehören

Nutzpflanzen	Haupterwerbsbetrieb
Viehwirtschaft	Landreform
Nebenerwerbsbetrieb	Bodenbeschaffenheit
Spezialisierung	Intensivierung
Dreifelderwirtschaft	Landflucht

GSE

Erklärungen zu den Land - Begriffen

Das sind Pflanzen, die zu einem bestimmten Zweck angebaut werden. So dienen sie entweder zur Nahrung für Mensch oder Tier oder sie werden zur Herstellung von Produkten verwendet.

Dieser Betrieb kann in der Hauptsache von seinen erwirtschafteten Einnahmen leben und muss nicht durch andere Einnahmequellen mitfinanziert werden. Meist handelt es sich dabei um größere landwirtschaftliche Betriebe.

Es steht die Versorgung und Züchtung von Tieren im Vordergrund. Die Böden sind meist nicht ertragreich genug, deshalb spezialisieren sich die Landwirte auf die Erwerbsquelle durch Tierprodukte.

Unter dieser Reform versteht man die Aufteilung eines großen landwirtschaftlichen Betriebs in kleinere Einheiten, die dann von Kleinbauern bestellt werden. Meist geschieht dies in Entwicklungsländern.

Hier kann ein Betrieb nicht mehr so bewirtschaftet werden, dass die Bewohner davon leben können. Die Haupteinnahmen stammen aus einer anderen, zusätzlichen Arbeit.

Sie ist wichtig für die Bauern, damit man weiß, wie der Boden genutzt werden kann. Da es sehr unterschiedliche Böden gibt, sollte man bei der Bewirtschaftung beachten, wozu sich der Boden eignet.

Damit ist ein Betrieb gemeint, der sich auf ein Produkt spezialisiert. Dahinter steht der Gedanke, lohnende Produkte auf den Markt zu bringen und sie mit Gewinn zu verkaufen.

Hiermit verbindet man Bemühungen, den Boden besser nutzen zu können. Zum Beispiel geschieht das durch Gründüngung : Anbau von Pflanzen, durch die dem Boden Nährstoffe zugeführt werden.

Eine besondere Art der Bodenbewirtschaftung, bei der im jährlichen Wechsel ein Drittel des Landes mit Wintergetreide, eines mit Sommergetreide und eines brach liegen bleibt, damit sich der Boden erholen kann.

Die bäuerliche Bevölkerung zieht es in die Stadt, da sie der Meinung sind, hier einen besseren Lebensunterhalt finden zu können. Oft erhoffen sich die Menschen mehr Lebensqualität und ein leichteres Leben.

GSE

Kreislauf: Vom Erzeuger zum Verbraucher

Du siehst hier einen möglichen Weg, den ein Produkt geht, wenn es in einem landwirtschaftlichen Betrieb erzeugt wird. Es ist leicht zu erkennen, dass der Weg viele Zwischenstationen hat. Überlege, ob es andere Möglichkeiten gibt. Zeichne deine Vorstellungen auf und notiere Stichpunkte dazu, wie du dir den Ablauf 'Vom Erzeuger zum Verbraucher' vorstellst.

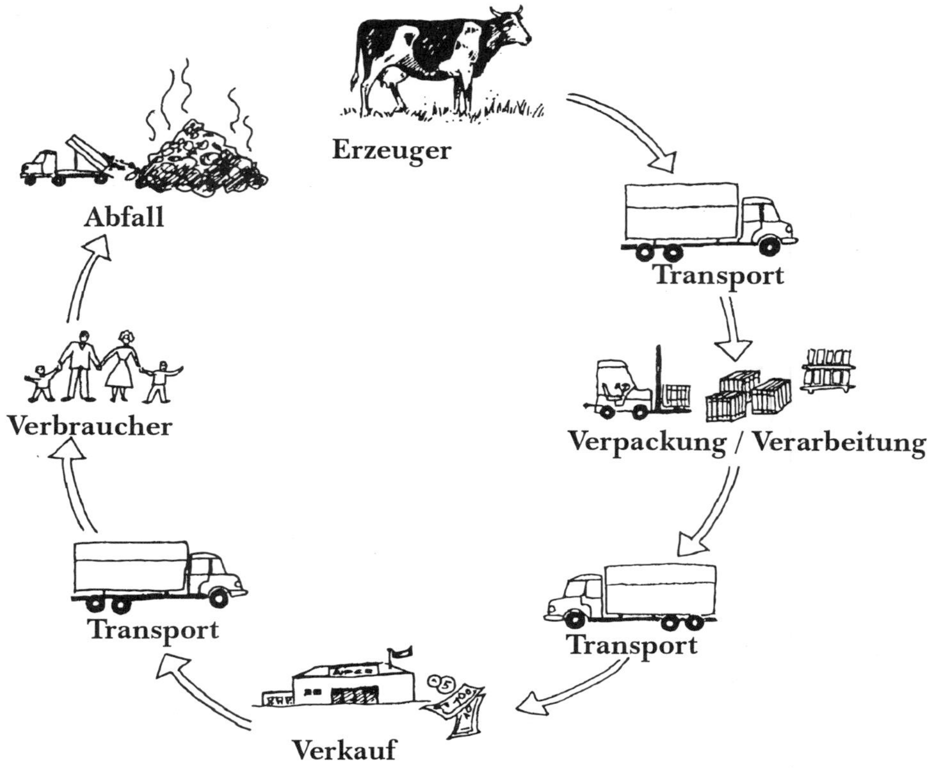

GSE

Wir erkunden ein Dorf

Name der Ortschaft: ______________________________

Fragen zum Verkehr:

1. Welche Verkehrsmittel stehen zur Verfügung, um zur Schule / zur Arbeit zu fahren?

____

2. Wie oft fahren Busse, Bahn oder Ähnliches in die nächstgrößere Stadt ?

____

Fragen zu Einkaufsmöglichkeiten:

1. Wie viele Geschäfte gibt es ungefähr ? ______________________________
2. Was kann man dort kaufen und was kaufen / kaufst Sie / du hier und was anderswo ?

____

____

Fragen zur Freizeitgestaltung:

1. Was bietet das Dorf für Kinder / Jugendliche / junge Erwachsene in der Freizeit ?

____

____

Fragen zu Arbeitsmöglichkeiten:

1. Gibt es hier ein Gewerbegebiet ? Wenn ja, welche Betriebe befinden sich dort?

____

2. Welche Arbeitsmöglichkeiten / Ausbildungsplätze sind im Dorf geboten ?

____

____

Fragen zur Landwirtschaft:

1. Erkunde einen Hof genauer:

a) Notiere wichtige Zahlen im Zusammenhang mit dem Hof:

____

b) Welche Informationen über Tierhaltung, Produkte, Arbeiten, ... erhältst du ?

____

____

Fragen zur Besiedlung:

1. Wie viele Bauernhöfe , die noch bewirtschaftet werden, gibt es in diesem Dorf ?

____

2. Welche weiteren Wohnmöglichkeiten finden sich ?

____

Ein Rollenspiel: Pro und contra
Leben in der Stadt oder auf dem Land

In einem Rollenspiel kann man Überlegungen und Einstellungen sehr anschaulich und lebendig darstellen. Bei diesem Rollenspiel handelt es sich um eine vorgegebene Situation, die ihr in der Klasse mit verteilten Rollen spielen könnt. Zunächst solltet ihr euch an den Text halten.

Folgendes Vorgehen ist empfehlenswert:
Den Text gut lesen, Fragen abklären, Rollen verteilen
In der Klasse spielen
Über die Darstellung und den Inhalt diskutieren
Überlegen, wie es weitergehen könnte
Besprechen, was ihr verändern wollt.

Die Situation:

Familie Steinhaus macht Urlaub auf dem Bauernhof. Sie kommen aus dem Ruhrgebiet, aus Gelsenkirchen. Anke und Michael heißen ihre Kinder, die sich mit Maria und Christian angefreundet haben. Diese stammen von dem Hof, der ca. fünf Autominuten vom nächsten Markt entfernt ist. Zusätzlich ist ein Freund von Christian da, Thomas. Die fünf Kinder spielen Tischtennis zusammen, dabei entwickelt sich ein Gespräch über das Leben auf dem Land und in der Stadt.

Anke: Eigentlich habt ihr es recht schön hier draußen, so ganz ohne Autos, Lärm und Verkehr. So einfach mal auf der Straße spielen, das geht bei uns nicht.

Thomas: Na ja, überall geht das bei uns auch nicht, und Autos fahren hier am Wochenende, wenn schönes Wetter ist, unendlich viele.

Michael: Also ich weiß nicht, ich glaube, ich würde das auf Dauer nicht aushalten, diese Ruhe und hier ist auch nicht viel los.

Christian: Das kannst du so nicht sagen, also während der Schulzeit hab ich ganz schön viel Möglichkeiten, etwas zu unternehmen.

Maria: Schwierig ist es bloß, wenn man sich mal am Abend mit seinen Freunden treffen will. Die Busse fahren so selten und unsere Eltern können uns nicht dauernd irgendwohin fahren. Im Sommer geht es, da fährt man halt mit dem Radl, aber im Winter muss man schon gut planen, damit man das irgendwie hinkriegt.

Anke: Also das ist bei uns kein Problem, wir wohnen auch viel näher zusammen. Wir haben bei uns um die Ecke zum Beispiel ein Freizeitheim, in dem wir oft Feten feiern, oder wo zum Beispiel Tischtennisturniere ausgetragen werden, wo wir zusammen Fernsehen können oder einfach an der Theke klönen.

Christian: Ein Treffpunkt, das geht hier ab, den könnten wir gut gebrauchen. Wir treffen uns meist in der Eisdiele, in der Dorfmitte. Oder am Kino, irgendwas läuft da, wenn auch nicht die neusten Sachen, aber wenn man die unbedingt sehen will, kann man in die Kreisstadt fahren.

Rollenspiel Fortsetzung

Thomas: Aber es gibt im Dorf auch einige Angebote. Der Verein hier, der Sportverein, da kann man fast alles machen, Volleyball, Kegeln, Badminton, Fußball, sogar eine Kletterwand gibt es in unserer neuen Turnhalle. Und Feste feiern wir zu jeder Gelegenheit.

Michael: Was ist denn dann mit den weniger Sportlichen ? Bei uns kann man in der Stadt ganz unterschiedliche Freizeitinteressen verfolgen, ich bin in einem Photoclub, mein Freund macht bei einer Computergruppe mit. Gibt es bei euch auch so etwas ?

Maria: Aber klar, aber da müssen wir meist in die nächste Stadt, um spezielle Interessen zu finden.

Anke: Und wie ist das bei euch an der Schule ? Fahrt ihr da mit dem Bus hin ?

Thomas: Der holt uns fast vor der Haustür ab. Nur meine große Schwester, die hat es nicht so leicht, die geht in die Realschule in der Stadt und da muss sie schon ziemlich früh los, weil es da keinen extra Schulbus gibt.

Michael: Zur Realschule und zum Gymnasium, müssen wir auch mit öffentlichen Verkehrsmitteln fahren, das ist bei uns das Gleiche. Wir sind auf einer Ganztagesschule, da sind wir auch erst am Nachmittag daheim.

Maria: Wie ist das denn bei euren Eltern, arbeiten die in der Nähe eurer Wohnung ?

Anke: Leider nein, die kommen beide erst abends heim, unser Vater arbeitet in der Stadtmitte, in einem riesigen Bürohaus. Mutti arbeitet im Supermarkt in einem anderen Stadtviertel, weil bei uns in der Nähe hat sie nichts mehr gefunden. Da suchen so viele Arbeit, das ist nicht einfach, wo man wohnt auch Arbeit zu finden. Da habt ihr es besser, eure Eltern sind meist zu Hause.

Christian: Na ja, aber den ganzen Tag beschäftigt, auf dem Hof oder mit den Ferienwohnungen. Da müssen wir auch manchmal mithelfen, im Stall oder auf dem Feld.

Michael: Das würde ich gerne machen, Kühe füttern und Traktor fahren ! Überhaupt, ihr habt hier viel saubere Luft als wir. Bei uns gab es sogar schon mal Smogalarm, da sollte man lieber im Haus bleiben, weil die Luft so schlecht ist.

Thomas: Gute Luft, viel Natur, das haben wir genug - aber mein großer Bruder findet hier zum Beipiel kein Lehrstelle, er ist zu meinem Onkel gezogen, der wohnt näher an der Stadt, da kann er mit der S-Bahn fahren.

Planspiel:
Ein Neubaugebiet ist geplant

In einem Planspiel hast du die Möglichkeit, dir einen Standpunkt von Betroffenen oder Beteiligten auszusuchen und diesen zu vertreten. Zu einem Thema gibt es meist verschiedene Vorstellungen und Blickwinkel. Diese werden in einem Planspiel zur Sprache gebracht und diskutiert. In unserem Spiel geht es um eine Angelegenheit der Gemeinde, zu der sich verschiedenste Bevölkerungsgruppen zu Wort melden und ihre Bedenken und Überlegungen mit einbringen. Damit sich jeder aus der Klasse beteiligen kann, werden Interessengruppen gebildet, denen ihr euch, je nach Standpunkt, anschließen könnt.

Folgendes Vorgehen ist empfehlenswert:

Die Vorinformation solltet ihr zunächst gut durchlesen, um euch ein Bild von der Situation zu machen.

Seht euch die unterschiedlichen Interessengruppen an!

Findet euch in diesen Gruppen zusammen und überlegt Argumente und Standpunkte (Stichworte).

Bildet in der Klasse einen 'Runden Tisch', an dem alle Gruppen Platz nehmen.

Einen Gesprächsleiter solltet ihr bestimmen - die Gesprächsleitung ist eine schwierige Aufgabe, bei der eure Lehrkraft helfen kann.

Denkt an die Gesprächsregeln!

Vergesst nicht, eine Pause einzulegen, besonders wenn es zu heiß hergeht.

Schön ist es, wenn sich Beobachter finden (zum Beispiel als Reporter tätig), die das Ganze ein wenig schriftlich festhalten, damit ihr nachher alles noch einmal - aus einem gewissen Abstand heraus - ansehen könnt.

Vielleicht habt ihr Gelegenheit, eine Bürgerversammlung zu besuchen, um zu sehen, wie dort Gemeindeangelegenheiten verhandelt werden

Wo soll unser Storch in Zukunft leben ?

Neubaugebiet in den Storchwiesen geplant

Wieder einmal schlägt der Mensch zu. Am Rande der Gemeinde Stetten ist ein Gebiet als Bauland ausgewiesen, auf dem sich im Sommer die Störche tummeln.

Dabei handelt sich um eine sumpfige Wiese, die als Wasserauffanggebiet für die rundherum liegenden Felder und Gehöfte dient. Ein Sprecher der Gemeinde vertritt die Ansicht, dass diese Entwicklung für unsere Gemeinde notwendig ist. Es werden Einheimischengrundstücke ausgewiesen; unser Ort braucht dringend Bauland, um dem Ansturm neuer Bewohner gerecht zu werden. Das besagte Grundstück ist der Gemeinde sehr kostengünstig angeboten worden. Damit sind auch neue Arbeitsplätze verbunden, argumentiert der Gemeindesprecher. Vertreter des Bund Naturschutz laufen Sturm, da diese Wiese ein wichtiges Biotop in der Gegend darstellt. Viele seltene Arten von Pflanzen gedeihen hier und verschiedenste Tiere finden ihren Lebensraum.

Am Donnerstag, um 18.00 Uhr, ist in der Gemeinde eine Bürgerversammlung geplant, auf der die verschiedenen Interessenvertreter zu Wort kommen können.

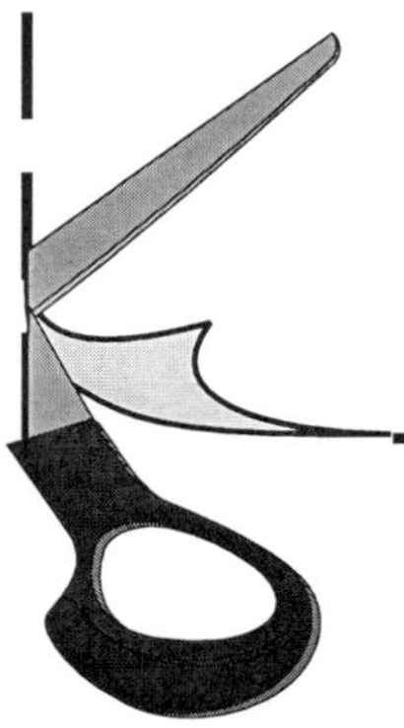

GSE

Planspiel: Die Bürgerversammlung

Naturschützer/in:
Wenn man sich vorstellt, wie viel Schaden eine Nutzung dieser Wiese für die Pflanzen- und Tierwelt mit sich bringt, kann man nur gegen dieses Bauvorhaben

Ladenbesitzer/in:
Mit dem neuen Baugebiet könnten wir unseren Laden vergrößern und unser Angebot erweitern, so dass man alle wichtigen Waren bei uns einkaufen kann.

Inhaber/in eines Baugeschäfts:
Mit diesem Projekt würden für die nächste Zeit Arbeitsplätze gesichert. Wir könnten neue Kräfte einstellen und als heimische Firma Geld in unser Gebiet bringen.

Landwirt/in:
Die Wiese ist als Auffangbecken für das Wasser sehr wichtig. Sonst stehen unsere Felder unter Wasser und wir können sie nicht mehr als Weide oder für Grünfutter nutzen.

Gemeindevertreter/in:
Mit diesem Projekt könnte die Gemeinde junge Paare unterstützen, die sich sonst in ihrer Heimatgemeinde kein Baugrundstück leisten können.

Urlauber/in:
Ich fände es schade, wenn diese herrliche Landschaft durch weitere Neubauten zerstört werden würde. Man kann hier so ungestört die Natur genießen und sich erholen.

Jugendliche:
Ich hätte nichts dagegen, wenn neue Leute herkommen. Da wäre hier mehr los und die Gemeinde müsste ihr Freizeitangebot erweitern!

Anwohner/in:
Wenn hier neue Häuser gebaut werden, dann nimmt der Verkehr zu. Dann müssen auch Gehwege und zusätzliche Schilder aufgestellt werden, wegen der Kinder.

Rund um das Land:
Tipps und Ideen zum Kreativsein

Wo kann ich mich informieren ?

- auf einem Bauernhof
- in der Bücherei
- in der Natur: Wiesen, Felder, Wälder, Dorf, ...
- Heimatmuseum
- Freilichtmuseum
- in der Kreisverwaltung

Welche Kontakte können mir weiterhelfen ?

- Verkehrsverein
- Umweltorganisationen
- Förster
- Beteiligte/ Bewohner
- auf der Gemeinde

Anregungen für Gruppen- und Projektarbeit:

- Entwickelt ein Bauernhofspiel mit Tieren und Pflanzen
- Erstellt eine Fotoausstellung von eurer näheren Umgebung
- Schreibt ein kleines Buch mit dem Thema: Landwirtschaft heute
- Bastelt verschiedene Bauernhofmodelle
- Verbringt einen Tag auf einem Bauernhof und helft dort mit
- Besucht einen Biobauern und plant zusammen eine Werbeaktion
- Stellt ein Frühstück aus den Produkten eines Bauernhofes zusammen. Kombiniert das mit einer Ausstellung
- Organisiert eine Pflanzenanzucht auf eurem Fensterbrett.
- Bepflanzt ein Beet eures Schulgartens - oder legt einen an, wenn keiner vorhanden ist
- Dreht einen Video als Werbefilm: das Leben auf dem Land
- Entwerft ein Theaterstück

Freies Schreiben: Meine Gedanken zum Thema

Land
Ich sitze auf einer Wiese
Vogelgezwitscher
tief atme ich ein
Blumendüfte
und freue mich an den Farben
der Natur
lasse meine Gedanken
mit dem Wind
weiterziehen

Maria P.

Stadt
Lebendiges Treiben
zieht mich mit
in einem bunten Wirrwarr
von Straßen, Geräuschen und
Menschen
befinde ich mich auf der Suche
nach irgendwas
und stoße dabei
auf allerlei Unerwartetes

Eva L.

Landleben
beruhigend
weite Felder
grün, wohltuend,hügelig
endlos blühende Wiesen überall
eine Wohltat für meine Augen
Einfach schön !

Claudia K.

Du kannst selbst Gedichte schreiben, es ist gar nicht schwer. Überlege dir ein Thema und schon geht es los mit der Überschrift:

dein gewähltes Thema ______________________________

eine Farbe ______________________________

zwei Eigenschaften ______________________________

drei Nomen ______________________________

ein kurzer Satz ______________________________

Schlusswort ______________________________

Wenn du daran Spaß findest, kannst du auch frei Gedichte schreiben, wie in den Beispielen oben, oder ganz andere. Man kann seinen eigenen Stil entwickeln und damit Gedanken, Gefühle und Stimmungen ausdrücken.

KOPIERHEFTE mit Pfiff!

K.H. GRÜNAUER

Geschichte - Quiz Altertum

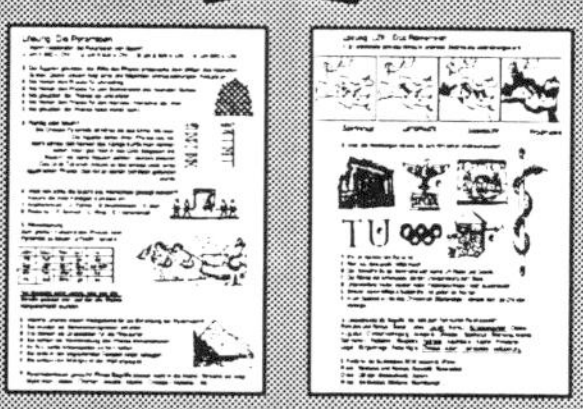

● Freiarbeit ● Offener Unterricht ● Differenzierung

Lösung: LZK - Das antike Griechenland

1. Kannst du den folgenden Lückentext richtig bearbeiten?
Setze folgende Wörter ein: Barbaren, Gebirgen, Kultur, Pfaden, Sprache, Stadtstaaten, Religion, Umgebung, Feldherren, Stadt, Schiff, Krieg
Griechenland ist von hohen **Gebirgen** durchzogen. Von einem Tal ins andere kann man oft nur auf schmalen **Pfaden** gelangen, oder man muß mit dem **Schiff** von einer Bucht in die andere fahren. So bildeten sich im Laufe der Besiedlung durch wandernde Stämme aus dem Norden kleine **Stadtstaaten**. Diese bestanden jeweils nur aus einer **Stadt** und ihrer ländlichen **Umgebung**. Sie führten oft gegenseitig **Krieg**, weil sie ihre Ackerfläche oder ihren Handel vergrößern wollten. Manchmal aber kam es auch nur deshalb zum Krieg, weil die **Feldherren** sich von einem Sieg Ruhm und Ehre versprachen. Trotz aller Zerrissenheit hatten die Griechen aber **Religion**, **Sprache** und **Kultur** gemeinsam. Völker, deren Sprache sie nicht verstanden, verspotteten sie als **Barbaren**.

2. Die Olympischen Spiele folgten einem genauen Zeitplan. Ordne mit Pfeilen richtig zu:
1. Tag – Opfer und Prozession
2. Tag – Pferde- und Wagenrennen
3. Tag – Fünfkampf
4. Tag – Ring-, Faust- und gemischte Kämpfe
5. Tag – Wettläufe

3. Kreuze die richtigen Sätze an
● Während der Olympiade mußte Friede im Land herrschen
● Heute steht die Teilnahme an Olympia Amateursportlern aus allen Nationen offen
● Seit 1894 hat man die Olympischen Spiele wiederbelebt
0 Die Leistungen der Athleten haben sich in den letzten 50 Jahren kaum verbessert
● Die erste Olympiade wurde zu Ehren des Göttervaters Zeus in Olympia abgehalten.

4. Welche Abbildungen passen zum antiken Griechenland? Male sie mit roter Farbe an!

5. Was bedeutet das Wort *Demokratie*: **Volksherrschaft**
6. Ein wichtiger politischer Grundsatz der Polis war:
Alle Bürger sind vor dem Gesetz gleich. Alle Bürger haben gleiche Rechte.
7. Nenne den Namen eines Staatsmannes, der die Demokratie besonders rühmte: **Perikles**

Inhaltsübersicht:

Geschichte Quiz
Nr. 810 *86* **Seiten DM 27,80**

KOPIERHEFTE mit Pfiff!

K. H. GRÜNAUER

Geschichte - Quiz Mittelalter

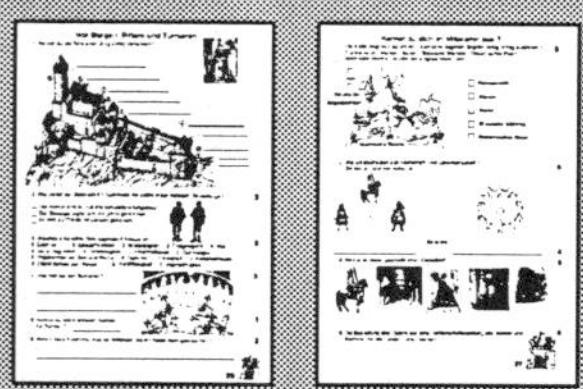

● Lernzielkontrollen ● Proben ● Tests

Neues Wissen und Buchdruck

1. Welche der unten angeführten Möglichkeiten des Austauschs von Informationen gab es im Mittelalter für die große Mehrheit der Menschen? Kreuze an! 1
0 Rundfunk 0 Buch 0 Telefon 0 Fernschreiber 0 Schule 0 Zeitung
0 Telegraph 0 Gespräch 0 Universität 0 Fernsehen 0 BTX 0 Satellit

2. Im Mittelalter gab es Kloster- und Stadtschulen. Beide vermittelten nur bestimmten Gruppen der Gesellschaft Bildung. Kreuze die richtigen an! 3
0 Geistliche 0 Adelige 0 Stadtbürger
0 städtische Oberschicht 0 alle Bürger der Stadt

3. Wer gründete die Universitäten? 2

4. Nenne einige Universitätsstädte der damaligen Zeit (4)! 4

5. Welche Auswirkung hatte die Vermehrung der Universitäten und die wachsende Zahl an Studenten und Studienfächern? 1
0 Der Informationsstand wuchs nur langsam
0 Der Informationsstand wuchs kaum
0 Der Informationsstand wuchs beträchtlich

6. Die Buchproduktion hat sich im 15. Jahrhundert verändert. Fülle die Tabelle mit den folgenden Begriffen richtig aus: 1 Band, gedruckt, 10 Gulden, 300 Bände, 50 Gulden, handgeschrieben 6

Zeit		Technik der Herstellung	Auflage	Preis
um 1400	Buch			
um 1500	Buch			

7. Johannes Gutenberg erfand das Drucken 2
0 um 1350 0 um 1400 0 um 1450 0 um 1500

8. Johannes Gutenberg erfand
0 die Herstellung von Druckplatten
0 die Herstellung von metallenen Druckwalzen
0 die Herstellung von hölzernen Druckstöcken
0 die Herstellung beweglicher Lettern

9. Kannst du aus den Satzteilen einen sinnvollen Satz formulieren? sie zu beurteilen - die Möglichkeit - und Fähigkeit - bestehende Verhältnisse - wächst - mit der Menge der Informationen - kennenzulernen - und zu entwickeln 4

23

Inhaltsübersicht:

Geschichte Quiz
Nr. 811 *64* **Seiten DM 24,80**

KOPIERHEFTE mit Pfiff!

K. H. GRÜNAUER

Geschichte - Quiz Neuzeit bis Ende 18. Jahrhundert

● Lernzielkontrollen ● Proben ● Tests

Inhaltsübersicht:

Geschichte Quiz
Nr. 812 *59* **Seiten DM 23,80**

KOPIERHEFTE mit Pfiff!

K. H. GRÜNAUER

Geschichte - Quiz 19. Jahrhundert bis Weimarer Republik

NEUERSCHEINUNG NEU NEUERSCHEINUNG

● Lernzielkontrollen ● Proben

Inhaltsübersicht:

Geschichte Quiz
Nr. 813 *70* **Seiten DM 25,80**

KOPIERHEFTE mit Pfiff!

Karl-Hans Seyler

Geschichte - Quiz Nationalsozialismus und Zweiter Weltkrieg

NEUERSCHEINUNG NEU NEUERSCHEINUNG

● Lernzielkontrollen ● Proben

In Vorbereitung

Geschichte Quiz
Nr. 814 *xx* **Seiten DM xx,xx**

KOPIERHEFTE mit Pfiff!

Karl-Hans Seyler

Geschichte - Quiz Deutschland nach 1945

NEUERSCHEINUNG NEU NEUERSCHEINUNG

● Lernzielkontrollen ● Proben

In Vorbereitung

Geschichte Quiz
Nr. 815 *xx* **Seiten DM xx,xx**

Deutsch

Deutsch innovativ

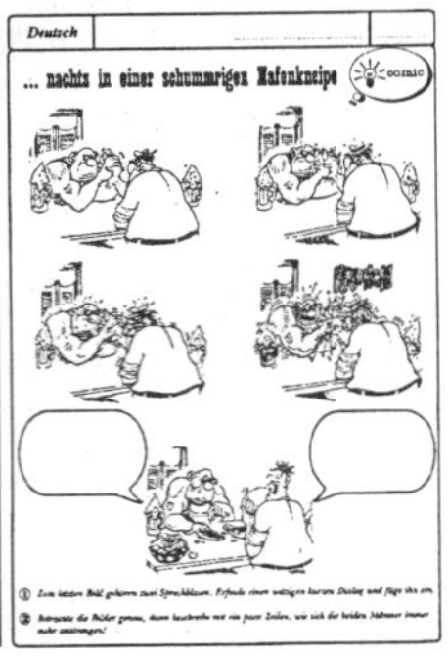

940 5./6. Schuljahr Band I, *150 S.* ✍ 36,80
941 5./6. Schuljahr Band II, *154S.* ✍ 36,80

Stundenbilder

360 5./6. Schuljahr Band I 34,80
Aufsatz+Rechtschreiben, 22 StB,144 S.
361 5./6. Schuljahr Band II 34,80
Literatur+Sprachlehre, 23 StB, 144 S.

Nach neuer Rechtschrift Nachschriften/Diktate UP

mit abwechslungsreichen Übungen zu den einzelnen Nachschriften, Arbeitsblättern zur Überprüfung des Lernerfolges und weiteren Arbeitsmaterialien. Die Texte greifen Themen aus den Sachfächern auf.

213 5. Schuljahr *112 S.* ✍ 29,80
214 6. Schuljahr *128 S.* ✍ 32,80

Sprachlehre UP

220 5./6. Schuljahr 31,80
118 Seiten, 53 AB, 12 FV
481 Sprachlehre KP 5./6. Bd. II 22,80
64 Seiten, 29 AB

Aufsatz

242 5./6. Schuljahr Bd. I ✍ 33,80
Sachliche Darstellungsformen, 130 Seiten, 24 StB, 55 AB
243 5./6. Schuljahr Bd. II ✍ 34,80
Erzählende Darstellungsformen, 130 Seiten, 25 StB, 32 AB, 12 FV
910 Kreatives Schreiben 5./6. ✍ 28,80
Techniken, Tipps, Schülerbeisp. 96 S.
495 So macht Aufsatz Spaß 5./6. ✍ 25,80
Kopierheft, 72 Seiten

Begleithefte zu aktueller Jugendliteratur

912 Jugendbücher 5./6. *112 S.* ✍ 28,80

Gedichte

209 5./6. Schuljahr ✍ 25,80
84 Seiten, 21 Gedichte mit 16 StB z.B. von Ringelnatz, Brecht, Morgenstern, Huchel, Goethe, Mörike, Busch, Heine...

Grammatik leichter lernen

504 5./6. Schuljahr 10,80
Schülerheft, 98 Seiten, DIN A 5
506 Mini-Grammatik 4,80
Schülerheft, 28 S. DIN A 5

Minutenübungen (Kartei)

Wortschatz/Rechtschreiben
245 5. Schuljahr, *A5, 102 S.* 24,80
Wortschatz/Rechtschreiben
246 6. Schuljahr, *A5, 102 S.* 24,80

Literatur/Lesen

568 5./6. Schuljahr ✍ 31,80
148 Seiten, 26 StB, 18 AB, 46 FV

Mathematik

Stundenbilder

201 5./6. Schuljahr 34,80
156 Seiten, 38 StB, Natürl. Zahlen, Addition/Multiplikation/Division, Bruchzahlen, Lernspiele

Unterrichtspraxis

217 5. Schuljahr 38,80
180 Seiten, neue Arbeitshilfen mit vielen Kopiervorlagen Vorwissen/GS, Natürliche Zahlen, Grundrechnungsarten, Brüche
218 6. Schuljahr ✍ 35,80
174 Seiten, mit vielen Kopiervorlagen, Bruchrechnen, Dezimalbruchrechnen, Gleichungen, Sachaufgaben

Übungen und Rechenspiele

233 5. Schuljahr ✍ 29,80
112 Seiten, 102 FV
234 6. Schuljahr ✍ 29,80
108 Seiten, 102 FV

Kopierhefte mit Pfiff

für Freiarbeit, Übung, Differenzierung

755 Fit mit Tricks in Textaufgaben 23,80
64 Seiten, 29 AB
489 Sachaufgaben 23,80
68 Seiten, 40 AB
491 Maßeinheiten 23,80
64 Seiten, 30 FV Längen, Flächen, Volumen, Gewichte, Hohl- und Zeitmaße
492 Gleichungen, *64 S.* 23,80
493 Bruchrechnen Band I 23,80
64 Seiten, 31 FV
494 Bruchrechnen Band II 23,80
64 Seiten, 31 FV

Minutenübungen (Kartei)

818 Rechnen 5. 24,80
819 Rechnen 6. 24,80

Konzentration/Denksport

Geistreiche und vergnügliche Denkspiele, nicht nur für den Mathematikunterricht

729 Gripsfit 5./6. ✍ 24,80

Religion

Katholische Religion StB

227 5. Schuljahr Bd. II 34,80
225 6. Schuljahr Bd. II 31,80
315 7. Schuljahr Bd. I 37,80

Unterrichtspraxis Kath. Religion Neue Reihe ´97/98 UP

916 Religion UP 5. ✍ 35,80
622 Foliensatz zu Religion 5. 39,80
917 Religion UP 6. ✍ 35,80

Ethik

Stundenbilder

228 5. Schuljahr 32,80
152 Seiten, 20 StB, 23 AB, 31 FV
229 6. Schuljahr 34,80
168 Seiten, 20 StB, 38 AB, 24 FV

Unterrichtspraxis nach Themenkreisen

614 Ethik Unterrichtspraxis: In sozialer Verantwortung leben und lernen *110 Seiten* ✍ 29,80
615 Ethik Unterrichtspraxis: Weltreligionen *122 Seiten* ✍ 31,80
616 Ethik Unterrichtspraxis: Nach ethischen Maßstäben entscheiden und handeln *88 Seiten* ✍ 27,80

Erdkunde

Stundenbilder

206 Deutschland ✍ 35,80
144 Seiten, 17 StB, 35 AB, 17 FV
662 Folien zu Deutschland i.V.
309 Europa ✍ 35,80
144 Seiten, 13 StB, 34 AB, 17 FV
663 Folien zu Europa i.V.

Geschichte

Stundenbilder

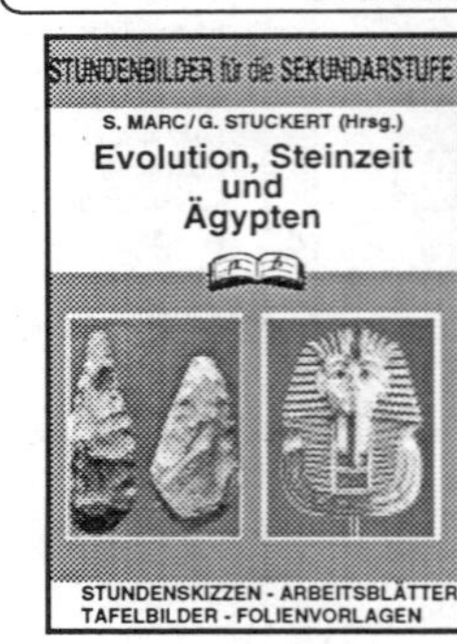

840 Evolution/Steinzeit/Ägpten ✍ 38,80
160 Seiten
841 Griechenland/Rom/Völkerwanderung
136Seiten ✍ 34,80
211 Mittelalter ✍ 38,80
160 Seiten, 32 StB, 27 AB, 55 FV
312 Neuzeit bis Ende 18. Jahrhundert ✍ 39,80
176 Seiten, 22 StB, 39 AB, 21 FV
831 19. Jahrhundert u. Imperialismus ✍ 39,80
112 Seiten

✍ = Neue Rechtschreibung